逆袭

飞翔还是坠落

《财经天下》周刊 编著

SPM
南方出版传媒·
广东人民出版社·广州·

图书在版编目（CIP）数据

逆袭：飞翔还是坠落 /《财经天下》周刊主编. —广州：广东人民
出版社，2016.2

ISBN 978-7-218-10629-8

Ⅰ.①逆… Ⅱ.①财… Ⅲ.①企业管理—案例 Ⅳ.①F270

中国版本图书馆CIP数据核字（2015）第296953号

NIXI：FEIXIANG HAISHI ZHUILUO

逆袭：飞翔还是坠落

《财经天下》周刊主编

版权所有 翻印必究

出版人：曾 莹

出版策划：肖风华
责任编辑：林小玲 梁 茵 廖志芬
封面设计：立 里
责任技编：周 杰 黎碧霞

出版发行：广东人民出版社
地　　址：广州市大沙头四马路10号（邮政编码：510102）
电　　话：（020）83798714（总编室）
传　　真：（020）83780199
网　　址：http://www.gdpph.com
印　　刷：广东信源彩色印务有限公司
开　　本：789mm×1092mm　1/16
印　　张：17　字　数：242千
版　　次：2016年2月第1版　2016年2月第1次印刷
定　　价：36.00元

杂志或曰传统的动人之处，以及我们要做什么

只有在负责实际的操作时，一个编辑才能够意识到，杂志产业，或者我们所说的传统印刷媒体，已经老迈到了何种程度。比如说，专栏作者在把文章交给我至少一周之后，他/她才能看到自己的文字被印刷出来。再比如说，在这个过程中，编辑和设计师之间要产生不下一次关于删减字数的交流。而这个关于时间和空间的困扰，对于互联网来说全都不存在。无需等待，也无需争论字数多少。在互联网上，任何一个写作者都可以享受到杂志最大牌作家的待遇：不可增删一字。

杂志已经无可挽回地失去了它在速度和灵活性上的优势。不相信这一点的人可以再回顾一下文章姚笛偷拍事件。在杂志还要矜持地"周一见"时，社交网络和门户网站已经在拼命发布各种相关讯息。而且，更加致命的是，这种信息发布激发了更多信息的产生，比如当事人文章发布的致歉声明。已经送下印厂的杂志绝无可能再对这些信息进行进一步的编辑。

当然，杂志有它的动人之处。在它缓慢的制作流程中，有一些环节是无法被简单替代的：前期对于选题的讨论、中间对于信息的收集以及后期落在纸面上时编辑和设计师的推敲与争辩。只是这个流程需要对互联网的冲击做出调适：前期确定选题时就应该有意识地避免可能被速度淘汰的题材；中间在信息采集环节要更加深入——互联网

的自发生成内容在呈现信息时足够多元，但在大多数情况下会失之简单；而在后期制作时要更加精良和讲究。换言之，它需要经过更加好的编辑。

只是和世间万事一样，这些事情也是"知易行难"。有一段时间我最爱开的玩笑是：我在杂志上最大的雄心就是要做一本"不填版的杂志"。村上春树在《碎片，令人怀念的1980年代》中回忆他读美国杂志的经历，感叹说那个时候的esquire编辑得如此精良，以至于显得每一块内容都不多余。也是在说，这真是一本不填版的杂志啊！后来慢慢发现大部分杂志人的想法是，只要能做到每一期都能有个打动人的东西就已经谢天谢地。杂志的优势也是它最脆弱的地方——制作流程，而这个制作流程已经被长久以来的惰性和惯性绑架。

美版GQ的主编Jim Nelson曾这样论述杂志的动人之处："杂志可以舒缓情绪，驱散忧愁（除了对制作杂志的人之外），还可以解决一些文化顽疾……运转顺利的杂志社能做的，不仅仅是提供信息，娱乐大众以及浪费诸位宝贵的时间，他们还能创造社区。它指的是人们在阅读有关大地和生命的优秀文章时，思想与情感融为一体，在不断汲取养料的情况下，犹如形成一个关系紧密的部落，进而产生一种对待作品的忠诚。"这本杂志在过去15年间曾四次获得美国出版业协会的年度杂志大奖。和所有杂志一样，它也总是在不断提及幽默感、服务性和情感共鸣。这些目标都需要编辑通过完善的制作流程来让所谓"创意"更好地得以呈现。我们需要做到的是，让读者拿在手中的是一个具有智力含量和审美含量的产品。唯有这样的产品才能打动人心。

接下来我需要回答的另一个问题是，我们现在要做的是一个什么样的产品。我能想到的答案是，我们还是想做一本为主流商业人群服务的杂志。这意味着它必须要关心主流的公司、组织和商业参与者。

和大多数产品一样，它希望能够兼顾幽默感、服务性或实用性以及唤起情感共鸣。

同时，我还希望能够将代表"时代精神"的变化加入到这本杂志中。历史上所有成功的杂志都和"时代精神"互动。比如《时代》杂志迎合的是"美国世纪"的精神，如它的创办人亨利·卢斯在同名文章中所写的那样，《滚石》则呼应着二十世纪六十年代非主流文化的大爆炸。

因此，至少在一段时间内，这本杂志需要重点关注商业世界的以下六个领域：

- 跨国公司在中国的境遇变化（开放）

- 发生在各领域的破坏性创造过程（零售、媒体、传统家电等）

- 包括BAT在内的科技公司格局变化

- 创业热潮

- 传统大亨的境遇（传承、转型）

- 文化娱乐产业的兴盛

我希望能够最终凭借这本杂志捕捉到"时代精神"的一面。尽管要做到这一点是众所周知的难。

你能看到的这一系列图书是我和我的同事们在过去两年内顽固地捕捉时代精神的努力。它可能并不尽如人意，但我相信，阅读这些文字，还是能让你一窥这个迅速变化的年代里某些碎片风景。

《财经天下》周刊主编　李翔

上篇
逆袭之新招

京东想要更多

注意，有妖气！

万万没想到你能这么火

漫咖啡如何快速成功

中篇
逆袭之进攻

下篇
逆袭之徘徊

篇

逆袭之新招

京东想要更多

经过一年的摸索，京东智能和京东众筹，这两个通过用户数据反向作用厂商的新业务已经初具规模。它们很可能开启京东的2.0时代。

《财经天下》/朱晓培　丁伟

如果只做网络零售平台，做到极致可能成为"网上沃尔玛"，市值2000亿美元。而如果能够制造些高科技产品，比如Apple Watch、Google Glass，市值可能就超过3000亿美元。

对于靠售卖电子产品起家的京东来说，梦想显然不只是"网上沃尔玛"。但残酷的现实是，沃尔玛每年净利润超150亿美元，即使是京东的老对手阿里，2014年第四季度净利润也有60亿元，而京东2014年净亏损约8亿美元。显然，京东比谁都更希望能够干点儿制造高科技产品的事儿，创始人兼CEO刘强东也一直希望京东能在硬件上有所突破。

"京东曾考虑依靠自己成熟的3C渠道平台做自己品牌的手机，但是讨论结果是：不是单纯做一个产品，而是考虑到整体软、硬件结合加上服务一整套的业务闭环。"京东旗下智能集团副总裁那昕对《财经天下》周刊说。

2014年9月，京东智能集团成为独立的子公司，内部代号为NSNG，来自刘强东。"我们发现，整个智能硬件领域是个新起来的行业，而且这个行业的机会，完全有可能把现在市场上所有传统的品牌商和产业，有一次大的洗牌。"刘强东解释说，NSNG代表着No Smart，No Goods。直接翻译过来是：非智能，不产品。

智能硬件是一个大蛋糕，动心的不只是京东，BAT都在手机上试错过。"我曾经也拉过很多不靠谱的小伙伴一块做手机，但最后都是以失败告终……我觉得做硬件还是存在蛮高的门槛的。"周鸿祎道破了互联网厂商做硬件的难题。

这几年大数据正在以多种方式落地，C2B（消费者反向作用厂商）成为热门应用。如何把用户数据变现，进入了京东的议程。2013年底，刘强东公开表示，大数据将成为京东未来的核心战略之一。根据京东财报，2014年，京东活跃用户数9660万。经过一年的摸索，京东智能和京东众筹，这两个通过用户数据反向作用厂商的新业务已经初具规模。它们很可能开启京东的2.0时代。

⠿ 从JDphone到京东智能

2014年3月29日，彭丽媛在观看中德青少年足球友谊赛时随手一拍，使中兴NubiaZ5S mini红遍网络。努比亚后来被称为"国母手机"，但它其实是中兴在2012年10月就推出的一款手机品牌，第一代产品反响平平。努比亚总经理倪飞曾表示，一年销量仅几十万台，连及格线的量级都没达到。

转折点在加入京东的JDPhone计划。2013年11月，在京东集团副总裁王笑松的主导下，京东推出JDPhone计划，该计划的主要目的是利用京东的数据，与手机厂商合作推出更符合消费者需求的手机。

手机一直是京东的主要品类，艾瑞数据显示，2014年京东手机销量近3000万台，占据中国整个B2C市场的55%。

2013年，通过对当时京东手机用户的年龄、喜好等数据进行分析后，王笑松带领团队先后考察了50家手机厂商，最终发现努比亚的产品方案跟用户预期非常接近，于是将其列入JDPhone的首批合作伙伴。为了降低努比亚的生产成本，王笑松还5次带队帮助努比亚找供应商谈判，他甚至还预先向倪飞支付了定金，以打消对方对销量的疑虑。最终，努比亚在京东预售不到两周，预约总数就达到了250万台，比此前一年时间销量的5倍还多。

如今，JDPhone已经成为国内手机的重要首发平台，MOTO X、联想乐檬K3、魅蓝、魅蓝Note等都是JDPhone计划的一员。而按照王笑松的规划，虚拟运营商、电子书、数字音乐等京东的内容资源都可以整合进JDPhone。

无论是大数据的应用，还是向平台的扩展，JDPhone无疑是京东拓展价值链的尝试。2014年2月25日，JD＋计划全面曝光，全面进军智能硬件业务。

2012年，Google Glass的出现唤醒了沉寂已久的硬件创新，大批创业者正在掀起智能硬件创新的浪潮。艾瑞咨询预计，2016年，中国穿戴设备将快速增至7350万台，市场规模达169.4亿元。百度、阿里巴巴、海尔、奇虎360、小米纷纷布局市场，并都采取了差不多的策略，搭建起了一个智能创业平台。

京东的IT数据采销团队和投资部也注意到了这一趋势。2012年底，在IT数码产品采销副总裁杜爽、采销事业部网络办公业务部总监高洪偲也和时任京东发展战略部研究&投资高级总监那昕的筹划下，成立智能硬件虚拟项目小组，筹划"京东硬件加速度计划"。后来，京东集团高级副总裁徐雷将这个计划改为JD+。

JD+计划的目的是：通过对京东用户的数据分析，从数据共享、营销、供应链、技术、金融等各个方面为硬件合作方提供支持。"京东作为销售平台，了解用户，能帮助创业公司找到用户痛点。"那昕说。同时这些智能硬件还可以链接京东智能云的服务，结合京东的渠道优势进行预售抢购，独家发售。

JD+上线一个月后，就孵化出了百度影棒2S、乐源运动手环、MUMU血压计、E路航导航仪等多款智能产品。"这标志着京东正在从电商平台领导者向产业链融合者转型。"那昕说。

2014年9月，在JD+计划的基础上，京东集团正式成立了全资子公司智能集团，那昕担任集团副总裁，主管智能硬件业务。根据那昕的说法，智能集团主要做以下几件事：延续JD+的项目，继续甄选优秀的智能硬件产品；建设智能硬件生态，通过投资和合作的方式，在整个产业链上进行布局，2014年京东智能集团投资了近10家企业；建设京东智能云平台。"这项业务跟京东原来的电商业务不是特别相关，它更聚焦在产品上。"那昕说。

"京东智能专注于智能硬件市场，但是我们看得很清楚，成立这个公司是为了培育整个产业链。从芯片到平台，到云计算、超级APP，到股权众筹，我们希望运用多种渠道培育智能硬件市场，为创业者提供一整套解决方案。"刘强东在极客大会上说，过去京东商城定位是为技术、品牌厂商做供应链服务，"基于京东有大量的用户需求数据，就会知道哪些产品现在有用户希望它智能化的需求，这样我们就会帮助创业者。"

⠿ 众筹的力量

刘强东已经成为京东众筹的主要代言人。2015年1月，在京东年会上，面对4000名员工，刘强东特意提到了众筹业务：上线6个月，就占到超过60%的市场份额，"成为行业绝对的第一名"。

刘强东如此看重众筹业务的一个原因是，它不同于京东的其他业务布局。拍拍、生鲜、智能硬件等都是在短期内需要砸钱换市场份额。对于京东，这家已经上市了的公司来说，急需一项能够立竿见影的业务装点财报。毫无疑问，众筹最能够满足这个需求，京东众筹会对每个参与项目收取3%的手续费，而投入的成本可以忽略不计——平台依靠于京东商城，用户数据来源于京东商城。

2011年，众筹在中国市场涌现，京东前CFO、现京东金融集团CEO陈生强也注意到了这一新兴的业务。2014年初，陈生强在美国参观过众筹网站鼻祖Kickstarter后，开始筹备众筹业务。7月，京东众筹业务正式成立，隶属于京东金融集团，当时定下来的京东众筹主要有两个方向：硬件产品众筹、文化类项目众筹，共推出了12个新奇好玩的众筹项目，其中有7个智能硬件项目。

第一个项目来自京东采销部门的推荐，是一款"丢不了的手表"，目前已经入住了JD＋计划。"JD+每周会有评审会，当发现一个项目时，我们会给众筹那边推荐项目，众筹那边发现不错的项目也会告诉我们，看我们是不是去布局。"那昕说。

但京东众筹的爆发，始于三个爸爸空气净化器。此前，京东众筹的最大金额是一款XGIMI的智能便携投影仪，金额260万元，也是当时国内的第二大智能硬件众筹项目，第一名是控客科技在点名时间上为一款全能插座发起的众筹，最后募集了435万元。

2014年9月12日，三个爸爸创始人戴赛鹰在微博上表示，要在京东上打造中国第一个超过1000万的众筹。京东金融总监、众筹业务负责人金麟表示，如果戴赛鹰的微博点赞数量能够超过200个，会免费给出京东众筹的首页广告位。戴赛鹰得到了牛文文、杨守彬等创业意见领袖的支持，最终得到了金麟总监发出的京东众筹首页资源、徐雷支持的京东商城首页资源、分众传媒董事长江南春赠送的两周分众传媒广告支持。

最终，三个爸爸一个月众筹了1300万元，成为经典的众筹营销案例。是否提前策划不得而知，但像京东商城首页资源广告、分众传媒的广告资源，对于点名时间等众筹平台来说，是可望而不可即的。仅京东商城的日均订单量超过100万，这意味着至少有几百万人注意到了三个爸爸的广告。而三个爸爸也让京东了解到了众筹爆款必备的两个要素：营销者的情怀，抓住消费者的一个需求。

2014年12月9日，互联网手机品牌大可乐在京东用12分钟众筹到了1600万元，打破了三个爸爸创下的纪录。自2014年7月上线至年底，京东众筹平台上就产生了5个金额超过1000万元的项目，其中四个项目与智能硬件相关：三个爸爸空气净化器、海尔空气魔方、大可乐3以及悟空i8智能空调伴侣。京东众筹市场运营负责人党子硕表示，从行业类的分布来看，智能硬件是京东众筹比重最大的一块业务，差不多占了整体数量的80%，"京东众筹在智能硬件上有着天然优势，本来就是从3C产品起家的。"

金麟认为，京东商城为京东众筹提供了其他众筹平台不可比拟的优势。以大可乐为例，智能硬件的产品周期包含了设计图、工程样机、手板到量产，京东众筹是从手板到量产这个阶段介入到大可乐的众筹项目中的。之所以选择手板阶段介入，主要是出于风险控制，而且消费者很难为一张图纸买单。在其他众筹平台，大可乐很难获得这样的案例分析。

大可乐等众筹项目的成功，京东品牌的"背书"起着关键性的作用。松鼠互联CEO杜雪骞表示，京东本身有着很庞大的用户量，用户的付费习惯和付费场景都已经很好了。而且，京东本身也是一种信用背书，用户不用担心付了费但产品跳票甚至跑了。松鼠互联于2014年12月初在京东众筹平台上为其电子相框发起了众筹。

也有一些人对京东众筹的数据表示怀疑。"存在众筹企业自己刷单的现象"，一位业内人士对《财经天下》周刊表示，如果一个千万元级别的项目，众筹企业自己先刷掉100万元的话，意味着企业什么也没做就损失了3万元。即便如此，也不能阻挡企业众筹的热情。

但在一些人看来，国内众筹的最大作用不是集资，而是营销。在互联网时代，企业最怕的就是没有关注度。大可乐作为一个坚持了三年的手机创业团队，从最初的一代开始，就是当时最便宜的5英寸大屏手机，但因为和三星S4抢内存，造成产能严重不足，错过了黄金销售期，而这次通过众筹的方式卷土重来，无论是褒还是贬，至少大可乐3这个品牌已经打出去了。大可乐CEO丁秀洪表示，大可乐这次一万台手机表面上看要花一千多万的成本，但其产生的广告宣传价值可能会高过其本身价值的数倍。

国内众筹模式也都已经与海外原生众筹模式——依靠广大消费者支持，相去甚远。众筹网背后的金主是网信金融，很多项目其实是以直接投资的形式完成的。而作为国内众筹界的发起者，点名时间的发展已经遭遇到了瓶颈，CEO张佑发表文章称要放弃众筹，转型做智能硬件的首发和试用。在张佑看来，众筹平台不但要面对极客和普通消费者的不同需求，但有创新就有失败，这对筹客来说是不公平的，没有人想要支持一个不靠谱的团队。所以众筹从模式和机制上来说有严重的缺陷，容易导致众筹平台成为不靠谱团队的温床。但京东对众筹寄予厚望，除了硬件产品外，还涉足了房地产、娱乐，甚至股权等领域。

"一想到京东众筹，首先想到的就是智能硬件，这跟京东的整体基因也是相关的。但坦白讲众筹的想象空间很大。"京东金融市场公关部公关总监焦宏宇说，京东众筹希望能够逐渐地把跨界领域做得越来越多，包括娱乐综艺节目，"智能硬件众筹强调的是B端，让创业者实现愿望，同时给那些筹客一些回报，但是流行文化可能让他们强调的是，不光是一个创业团队的东西，可能要大家一起去众筹一个梦想。"

2015年3月初，京东众筹先是联合红星美凯龙、上海吉盛伟邦国际家具村，跨界进入家居行业，众筹床垫产品。3月9日，又联合腾讯视频推出了"东乐计划"，通过"众筹模式"开启音乐、电商、金融的跨界新玩法，彻底颠覆了之前大众对众筹只有硬件的印象。

"我们2015年又开始做股权众筹，我们希望通过产品众筹解决创业者最初期的产品生产需求，再通过股权众筹把公司运转起来。当然，我们还是个电商平台，所以我们还帮助创业者解决了物流的问题、售后的问题、客户服务的问题。"刘强东在一次会议上刻意强调。

此前，智能硬件往往只能在众筹网站的小众圈子中流行，但在京东等平台上，产品的销量则可能会实现从0直接到1000的条约，形成质的变化。而依托用户、数据、平台等现有的资源，京东众筹正在扮演一个B端与C端的撮合角色，提供满足个人的相关产品，又能够打造更细分的B端产业链。

∷ 京东2.0时代的想象力

时至今日，互联网巨头们之间的竞争更加胶着而白热化，阿里、百度、腾讯、奇虎360都在社交、O2O、娱乐、金融等领域做了大规模的投资布局。与这些出手阔绰的巨头们相比，京东已有业务的布局相对单一，而且财报上利润数字比较难看，但京东声称自己比其他巨头更接近中国的消费者。

数据表明，在京东上购买过智能产品的消费者的活跃度也非常高，智能硬件也已经在向普通人群去发展。但那昕认为，把产品送到消费者手里仅仅是整件事情的开始。更重要的是，用户在使用智能产品中产生的数据。

"真正所谓的智能，至少要做到一点，应该让产品之间，尤其是不同品牌的产品间能够产生联动和交互，所以我们做了超级APP，实现跨品类互联服务。"

2014年6月26日，还属于京东技术的京东云平台联合海尔、海信、TCL、华为、联想等多家厂商对外发布了一款超级APP产品，这一产品可实现对不同品牌厂商多种智能设备的控制。目前，京东智能云平台已经接入了100多个品牌的产品，京东希望借此打造一个全世界最大的智能云生态。

汇清科技有部分净化器产品接入了京东云平台和超级APP，基于开放协议，汇清可以自定义在APP中的功能，例如实现滤网更换提醒，以及一键下单。汇清总经理何奇表示，作为一个新的空气净化器品牌，选择京东，最简单的理由是，京东是人们购买3C最主要的渠道。"双11"期间，汇清的销售额达到了100万元。

"之前我们一直没想明白一件事，就是我们智能的载体在哪里？

自己建一个APP当然可以，但是今天每个人手机里有多少个APP？他会单独为了某个品牌下载一个APP？"方太集团电子商务部高级业务经理卢陆群认为，京东的超级APP确实解决了自己心中的困惑。方太与京东合作了3年多，2014年在京东上销售额超过4亿元。卢陆群认为，未来除了实现售后的智能化外，还可以在自己产品的面板上做文章，"电子书、菜谱都可以做到上面去，内容和服务都来自于京东云，方太也希望能够搭上智能的顺风车。"

智能硬件作为一个新兴的市场，消费者也愿意尝试。然而，不能忽视的一个事实是，市面上的智能硬件产品都过于粗糙。"（智能硬件的创业者）更多的时间应该花在二次产品迭代开发中去，再进行用户分析，关注用户需求的变化。"刘强东说，"而对用户数据的挖掘，恰恰是京东擅长的。"

在开展了智能业务后，京东云平台的数据也更加丰富，除了已有的用户数据、交易数据和消费行为数据外，还新增了个人体征量化、生活行为习惯以及社交等数据。"这些数据不断聚集聚合，能够让我们更加了解消费者，整合之后我们可以把数据跟产业链生态合作伙伴去共享，就搭建起了产品生态以外的数据生态，包括我们自己平台上的数据、智能产品产生的数据以及第三方的数据。"那昕表示，JD+发布以来，京东智能硬件的销售额增长也非常迅猛。"传统意义上，京东是B2C网站，现在，除了自营以外，京东众筹、拍拍C2C、线下体验店形式，多种渠道能够给品牌商创业者更多选择，能够让不同阶段不同种类的产品能够适应不同的销售渠道。"

实际上，不论是智能集团，还是众筹业务，京东的商业逻辑都是，对已有消费用户和消费数据进行二次开发，并进而增加商城用户的活跃度和黏性。

对数据的挖掘，刘强东还有一个更天马行空般的想象，他在极客公园的一个活动上说："未来冰箱应该完全免费，通过背后的数据和服务去赚钱。"他的解释是，"冰箱里面可以有很多传感器，能够感应到你放了多少饮料、蔬菜、水果、肉类。如果用户买了我的冰箱，允许我获取数据，冰箱就可以免费送给你。然后厂商再通过互联网的方式赚钱，比如你冰箱里边没有饮料了，可以在屏幕上推送京东的购买信息，一键购买。"

10年前，外包潮流席卷全世界，《纽约时报》专栏作家托马斯·弗里德曼形象地称之为"世界是平的"。到了大数据时代，品牌商、渠道商和消费者的关系，变得更加交互和融合，成为已经升级为国家战略的"互联网+"的重要因素。刘强东有个著名的"十节甘蔗"理论：零售消费行业的价值链分为创意、设计、研发、制造、定价、营销、交易、仓储、配送、售后等十个环节，前5个归品牌商，后5个归零售商。JD+的野心，就是要吃掉更多的甘蔗节数。

注意，有妖气！

作为新锐互联网动漫平台，有妖气从原创漫画到完整产业链搭建的商业化尝试，正在为没落已久的国产动漫搜寻一种新的可能性。

《财经天下》/伊明　张厚

即便你不知道有妖气，也不会没听说过《十万个冷笑话》。这部连载于有妖气原创漫画梦工厂的国产漫画，由一系列吐槽短篇组成，诙谐幽默的语言风格颇受网民追捧，被称作是"中国版的日和（日本搞笑漫画）"。

由于广受欢迎，这部新锐漫画作品不仅被翻拍成了动画，更是在2015年元旦期间搬上了大银幕。

2014年11月30日，距《十万个冷笑话》大电影公映尚有一个月的时间，在北京师范大学北国剧场内，这部由网络动漫改编的大电影正在进行第一次内测版放映。剧场内200多个位置座无虚席，剧场位置后的一小块空地上也被工作人员和站着看电影的同学填满了。

进门处，有三个人在时刻关注着观众的反应，他们是分别延迟了自己受采访任务来看电影高潮部分的导演卢恒宇、李姝洁与来自万达的制片人陈宏伟。

在影片临近结尾的最高潮处，爆发了一阵热烈的掌声，三人都很兴奋，李姝洁更是高兴得跳了起来。

毫无疑问，《十万个冷笑话》有着雄厚的观众基础，其漫画版网络点击量创下了20亿次的纪录，动画两季共29集，播放量超过了19亿，这个成绩甚至与去年最火的"网络神剧"《万万没想到》两季与番外篇的总点击量相当。

不俗的票房成绩印证了试映时的火爆场景。这部2014年最后一天下午上映的电影，截至1月5日中午，累计票房已经达到了7675万元，成为票房大军中的一匹黑马。尽管最终票房成绩目前尚未揭晓，但陈宏伟坦言，这部电影的成本是一个低到能"惊呆所有人"的数字，再加上电影中有众多的植入广告，因此电影看上去可以取得一个不错的成绩。"保一争二——至少一亿元，争取达到两亿元。"陈宏伟对最终票房表现得很有信心。

作为出品方，有妖气也随着《十万个冷笑话》这部电影的火爆上映而正式闯入了主流文化的视野。截至目前，《十万个冷笑话》已经成为了有妖气产业链比较完整的一个品牌，除了电影，其产品还涵盖漫画、网络动画、游戏、纸质漫画图书、舞台剧、音乐节等多产业链环节。

⋮⋮⋮ 吐槽为王

有妖气成立于2006年4月，创办者是漫画爱好者周靖淇。起初，它只是一个动漫交流平台，周靖淇将自己收藏的国内外漫画分享到网站上，爱好者们可以在网站上进行交流。

当时正值国产动漫的低谷期，2006年也被称为是"中国动漫杂志的梦魇之年"。据不完全统计，那一年共有十余家漫画行业杂志停刊。大行业的不景气，让众多漫画作者遭遇无处投稿的尴尬境遇。

正在运作漫画网站的周靖淇觉得，可以为漫画市场提供一个平台，于是找来了几个朋友共同打造方舟驶向这片蓝海。

"不少人会问我们中国有多少人会画漫画，我们的答案是有很多。每年我们在各种地方发现新的作者，他们是一群非常有活力的人。"有妖气副总裁董志凌表示。

2006年，刚刚大学毕业的董志凌，被比他大三岁的周靖淇所描述的那个关于漫画与互联网的创业梦想吸引至北京。最终，四个年龄相仿的年轻人聚到了一起：负责整体公司方向把控以及融资的周靖淇，负责内容运营的董志凌，负责技术的于相华及负责运营并在后来离开了有妖气的张杨。

几个人都是漫画爱好者，周靖淇尤甚。一开始他们埋伏在各个漫画论坛、贴吧、博客、QQ群等处，以便随时能找到散落在各个角落的漫画作者，然后邀请这些作者过来发漫画。董志凌表示，作为圈内最早的原创漫画平台，很快许多漫画家以及漫画爱好者开始在这里聚集。

后来，随着有妖气在原创漫画领域影响力的逐渐增强，越来越多的漫画作者自己带着作品来敲门，团队仅需要主动出击去找寻那些已经小有所成的漫画作者。

目前，有妖气平台上的作者约有1.5万人，作品共有5万部，是有妖气创建之前全中国漫画总量的20倍。

由于门槛较低，很多热爱漫画的非专业作者甚至也敢于尝试在有妖气上发表作品，他们以约稿形式或自发地来到有妖气发布漫画，有很多在传统媒体渠道无缘发表的作品也能凭着独特的魅力在有妖气吸引到自己的粉丝群。

以吐槽为风格、画风简陋的《十万个冷笑话》便是一个典型案例。漫画作者是一名1986年出生的男生，笔名寒舞。他本人的说话风格与其满篇吐槽的作品完全不同，身材颀长、面容清瘦的他面对生人时显得十分腼腆。

2010年6月，寒舞开始在有妖气上连载《十万个冷笑话》，当时他是一名游戏公司的程序员，在工作之余画漫画并发到网上。与有妖气上的众多漫画作品相同，《十万个冷笑话》并没有得到任何特别推送。但正是这部由一个没有受过专业训练的人画的漫画，成功抓取了用户的注意力。借助有妖气这个平台，一年时间内，这部漫画的影响力迅速传播，至今点击量已超过20亿。

《十万个冷笑话》取得如此高的点击量，与有妖气网站配备的漫画吐槽系统不无关系——事实上，这也正是有妖气网站的最大特色，在看漫画的同时，用户的吐槽可以像弹幕一样出现在画面上。不少用户会被吐槽内容戳中笑点并参与进来，《十万个冷笑话》第一篇首页的吐槽就超过了7000条。

当发现《十万个冷笑话》的超高人气后，有妖气迅速找到了也经常在网站上发布漫画的卢恒宇和李姝洁二人，将《十万个冷笑话》制作成动画发行。第一集于2012年7月开播，这部动画的单集播放量就达到了一亿。

随着动画影响力的增加，不断有商业活动找上门来，卢恒宇、李姝洁二人在第一集时随便起的名字"卢恒宇和李姝洁工作室"也被正式注册成为公司。

当初，两人没有想到能成立公司，李姝洁更没有想到的是，儿时许下的梦想——要做一部让人排着队买票的电影，也将会在两年后实现。

动画的成功促使了《十万个冷笑话》电影版在2013年开始筹拍。在众筹网站点名时间的促使下，这部电影成为了中国第一部众筹电影。但这次众筹与娱乐宝的众筹不同，参与者不会获得任何金钱上的回报——有的是为电影配音、出现在鸣谢字幕上等软性福利。

为了写电影剧本，寒舞说服了家人，辞掉工作成为了一名专职漫画家。"我本来就想赚钱到30多岁，然后辞职成为一名全职漫画家。"寒舞在提到自己的梦想时眼神发光，"有妖气将我的梦想提前实现了"。

⁘ 让动漫互联网化

笼络住一众漫画作者和大批忠实粉丝之后，充分开发《十万个冷笑话》这样作品的商业价值就在情理之中了。事实上，有妖气很早就开始了自己的商业化探索之路，《十万个冷笑话》动画和大电影只是其中的典型案例。

最初，10人左右的团队经过了几年的摸爬滚打，由于运营资金的短缺，团队成员意识到了网站商业化转型的必然性。

2009年，有妖气正式成立公司。当时，投资方盛大集团拥有绝对的控股地位。周靖淇对《财经天下》周刊坦言："当时国内融资环境不好，有人来做这个事情就很难得了。而且，确实也不懂得创业公司的股权结构，只想一心做好（打造原创漫画平台）这件事。"随后，盛大集团给有妖气提供了几轮共几千万的资本支持。

2014年，有妖气开始重新梳理公司的股权结构，新的一轮融资来自中央文化产业基金，有妖气也借此机会从控股方盛大集团手中买回了部分股权。

在互联网行业中，流量为王已成公认法则，有妖气也不例外地想方设法加入新的玩法，以此来吸引更多的年轻用户。除了在2010年上线了漫画吐槽系统，网站随后上线了配音系统，用户在有妖气上看漫画不仅仅能看到东西，还能听到声音，用户还可以为自己喜欢的漫画配音。

除此之外，有妖气网站的设计也非常贴近年轻人的喜好，比如一键回到顶端按键是一只小黑猫；网页下面有一名可爱的少女"妖气娘"形象，在用户点击"调戏"的同时，她会变换不同的表情和台词。

眼下，在海量内容与创新玩法的基础上，有妖气的流量在中国原创漫画平台领域是成绩最好的一家。目前有妖气的注册用户为600多万，月活跃UV（独立访问用户数）为2000万至3000万。不过，这一数字与视频网站动辄上亿的UV相比，显然还有更大的提升空间。

流量如何变现是很多内容网站都需要解决的问题，有妖气也不例外。尽管《十万个冷笑话》的一夜爆红将有妖气的商业化进程推向了快车道，但其营收依然主要来自站内广告、游戏联运和VIP增值服务，规模并不大。

其中，其对会员和作者的运作方式主要参考了盛大文学：VIP用户可以享受到提前解锁更新漫画，以及为喜欢的作者赠送月票（有妖气的虚拟货币，月票越多代表作品人气越高）等服务；一开始，漫画作者并不能从月票中抽取分成，后来经过调整，月票成了作者一部分很可观的奖励。这就意味着，为了激励读者奖励月票，签约作者会提供更优秀的作品。

周靖淇表示，有妖气未来更重要的布局是在内容品牌的产业链开发上，而非一味地激励读者付费，因为这一过程要随着整个内容市场版权的正规化才能逐步实现。

对于有妖气来说，内容品牌完整产业链带来的商业收入才是最重要的部分。以目前有妖气最成功的品牌《十万个冷笑话》为例，其动画片有来自内部植入品牌商的广告收入，真人电影、合拍电视剧、授权游戏、出版图书与举办动漫音乐节等，也都以不同形式得到了授权费和收益分成。

2015年元旦，《十万个冷笑话》同名手游开始正式上线公测。这款游戏的开发商蓝港在线表示："联手有妖气，是由于相对日系动漫，国产动漫作品具有题材本土化的优势。在没有广告宣传的前提下，《十万个冷笑话》等作品依然能在短时间内积累大量受众，这体现出了作品的良好口碑。"

此外，衍生品也是有妖气未来大力发展的重要部分。

在《十万个冷笑话》动画第一季热播时，剧中人物"王二"在片尾彩蛋里戏谑式地推出个人专辑。这个概念被负责衍生品开发的有妖气影视中心周边部经理秦宁落实了。这批售价18元、里面只有52秒音频的"专辑"放到网上后竟卖出去近千套。

在《十万个冷笑话》大电影筹拍阶段，有妖气还开始尝试欧美以及日本成熟的动漫品牌衍生品运作模式。"我们找专业的品牌授权方合作，授权方有自己的厂家与销售渠道，再通过受众分析设计出更多品类的衍生品。我们会拿到一定的授权金，其中包含授权费与销售分成。"秦宁对《财经天下》周刊表示。

不过，他也表示，尽管《十万个冷笑话》的周边已经敲定了十多个合作，但是真正推出的产品却并不多，有很多授权方都只停留在出样品阶段。

出现这样的情况，一方面是由于目前国内衍生品市场并不完善，另一方面也是因为《十万个冷笑话》品牌本身的局限性，很多授权方对其信心不足。在周靖淇看来，对有妖气来说，目前的衍生品仍像是促销礼品，几乎不能构成收入。为了衍生品的未来发展，有妖气已经投资了专门做授权的公司，目前与某服装品牌的跨界合作也正在洽谈中，若能成功合作，便能将有妖气的衍生品商业化推上正轨。

总体看来，尽管有妖气搭建中国动漫原创内容品牌产业链的愿景，受限于产业链上下游的不完善与市场不成熟的大环境，遭遇了不小阻力，但对于未来，他们依然表现得信心满满。

最近，他们刚刚定下来一个公司标语，诠释着其有点拽又带着十足情怀的梦想：改变中国动漫。

万万没想到你能这么火

在这股资金投入不亚于传统电视剧的自制剧洪流中，《万万没想到》这个优酷口中的"小东西"，正如它的名字一样，出人意料成为了其中的成功典范。

《财经天下》/伊明　张厚

"王大锤"扮演者白客已经实现了人生逆袭

因着网络剧《万万没想到》，他成了真正的明星，出行时即使戴着墨镜也会被人认出来。只要有人在网上晒白客的签名与现场照片，就会引来一片羡慕声。在2014年夏天上映的电影《后会无期》的宣传活动中，白客出场时，观众欢呼声甚至高于一些大牌演员。

"忙得连花钱的工夫都没有了。"说到被排满的日常活动通告时，白客的语气中带着几分兴奋与调侃。此刻，他正坐在《万万没想到》的出品方万合天宜的办公室里，舒适地靠在沙发上。

万合天宜办公室共有两层，分别在一楼和七楼，都属于开放式办公空间，人的视野不会受到太多阻碍。中心地区被几盆绿色植物简单划分出来一块，两组复古的棕色牛皮沙发分别被放置在这块区域的两边，每组沙发中间摆放了一只与沙发风格相近的仿古皮箱，起到茶几的作用。

这个场景对于经常观看《万万没想到》的观众来说一定相当熟悉。在一集关于身为土豪的"王大锤"爱上保洁小妹的故事里，主角们的对手戏几乎全部在这个地方取景。

在这部网络剧第一季的拍摄中，出于节约成本的考虑，剧组在办公室内部取景是常有的事儿。到了第二季拍摄时，尽管剧组不再"穷逼"，但这种节约的风格也被保持了下来，这也令络绎前来拜访的人都有种穿越到剧中的亲切感。

"我做演员满打满算不过一年，因为剧火了，我才被关注的，而非我演技好，这是团队的成功。"说起成名之后的感受，白客坦言。同时，他也承认，《万万没想到》的受欢迎程度甚至有点超乎自己的想象。

这部由优酷和万合天宜专门为移动端打造的网络迷你剧，自2013年甫一推出就在网络上引起了强烈共鸣。在每集几分钟的时间里，白客扮演的主角"王大锤"在不同时代扮演不同角色，以四处碰壁、倒霉的"屌丝"身份穿越古今虚实。尽管总是遭遇失败，但他仍然积极面对各种挑战，夸张的表现手法和令人捧腹的情节，让这部剧的出品方万合天宜以及白客等主创人员一起"走上了人生巅峰"。

截至目前，《万万没想到》前两季与贺岁篇被观看了超过14亿次，甚至有喜爱这部剧的留学生为它造了一个新词——"周指活"，意思是一周就指着这部《万万没想到》的更新活着。

这或许有些夸张的成分，但《万万没想到》在视频和移动互联时代取得的成功却是毋庸置疑。凭着惊人的点击量，《万万没想到》第一季播放到后期时广告商就排着队来了，目前第二季广告收益近3000万元，成为了自制剧中当之无愧的吸金王。

自2008年视频网站对自制剧开始探索起，到目前为止共推出了40余部各种类型的自制剧，其中点击量能突破10亿大关的寥寥无几。除了《万万没想到》，只有搜狐视频自制迷你剧《屌丝男士》全三季的点击量达到了14亿。

事实上，两者有诸多相似之处：它们体量短小，走喜剧路线，投资成本都很低，单集的制作成本都只有万余元。

然而，让白客和其他主创没有想到的是，在这股资金投入不亚于传统电视剧的自制剧洪流中，《万万没想到》这个优酷口中的"小东西"，正如它的名字一样，出人意料地成为了其中的成功典范。

"做一部豆瓣高评分的喜剧吧"

时光退回到2012年。视频网站和移动互联的发展，使得影视剧观众不断从过去的电视机向电脑和移动端上转移。移动应用统计分析平台UMENG的报告显示，2012年中国移动互联网活跃用户达到2.45亿人，其中视频类应用人均日使用时长与前一年相比增长259%，用户开始习惯在移动设备上观看视频。只不过，与观众的需求相比，优质的内容在互联网上仍是稀缺品。当年互联网自制剧不到10部，总播放量为10亿余次，其中最热播的《屌丝男士》第一季就为这个成绩贡献了超过3亿次。在这样的背景下，优酷等视频网站急于制作适合移动端观看的短视频，来满足观众碎片化的观看习惯。

彼时，刚刚成立半年的万合天宜正在遭遇创业以来的最大难关。当时团队主要业务是为客户定制广告视频。在经验和人手都不足的情况下，公司接了一个制作体量非常大的项目。尽管倾尽人力、物力完成了任务，但却让团队运营与商业模式等方面存在的问题最终浮出水面。

经历了这次坎坷，万合天宜认识到，不同的广告定制视频之间几乎不存在关联性，这决定了这种模式下每次产生的内容和创作完全取决于广告客户的需求，其内容本身无法产生品牌效应。于是，他们开始增加团队人手，同时摸索业务转型。

万合天宜首席运营官柏忠春觉得，连续的节目或者剧集可以实现较强的观众黏性，便于打造自己的品牌，同时也能累积影响力。

与此同时，作为创始人之一的"叫兽易小星"经常通过移动端观看视频，也萌生了制作短平快网络剧的念头。"叫兽易小星"是他的微博名，粉丝、合作伙伴与媒体更多地称他为"叫兽"。

事实上，这位"易叫兽"比《来自星星的你》中的"都教授"要更早走红。早在2007年，这位土木工程师就在工作之余制作了一组名为"叫兽作品"的视频传上网络论坛，这组视频因为特别的搞笑风格而受到了网友的追捧。

此后，"叫兽"在土豆网上开设了栏目，并在很长一段时间内占据了其播客榜导演第一名的位置。也正是这段经历促使了万合天宜的三位创始人相识——首席执行官范钧与柏忠春在当时分别是土豆网高管和广告制片部制作总监。2010年，"叫兽"辞职来到北京，三人一起成立了万合天宜影视文化公司。

2013年，"叫兽"在台北举办的国际短片节中，碰到了优酷土豆集团副总裁卢梵溪，两人抽着烟聊着彼此最近的想法。当时，优酷已经将网络迷你剧计划推上了执行的轨道，负责出品团队的卢梵溪正在甄选合适的合作团队。

这个长度被限定为几分钟的迷你剧计划刚好契合了"叫兽"自己的风格，也能满足万合天宜的转型需求，双方一拍即合。

优酷对这部迷你剧的定位首先是——它是一部喜剧，因为这是最容易被观众喜欢的类型。

但依靠搞笑类视频走红的"叫兽"已经不想做喜剧了。相比点击量，他更在意豆瓣这种文艺平台的评分。他在之前一年的创作中，作品涉及文艺、煽情、女性等，就是不做喜剧类型。

"你这样不对，不能放弃你最擅长的东西，你要去改良你的基因，而非改变它。"卢梵溪对"叫兽"提议，"我们一起做一部豆瓣高评分的喜剧吧。"卢梵溪知道，"叫兽"是个相当有精神节操和洁癖的人，如果过不了自己那关，很可能无法充分发挥出敏锐的网络嗅觉和喜剧天赋。

最终，"叫兽"被卢梵溪的"豆瓣高评分的喜剧"所打动，他们要做出一部能把网友眼中猥琐的"叫兽"变成"网络人民艺术家"的作品。事实上，《万万没想到》在豆瓣上果然获得了好评，评分达到了8.5，与韩剧《来自星星的你》同分。

一开始，"叫兽"带领团队制作的视频小样是Flash动画，内容是类似《暴走漫画》式的"成语歪讲"。这样的设定遭到了《万万没想到》制片人袁玉梅的反对。这位来自优酷的制片人，在影视剧制作方面具有丰富经验。在她看来，出于对角色发挥以及商业空间方面的考量，这部剧至少应该是一部由真人出演的故事，但是由于篇幅局限，它的亮点不该在表演上，而应该是靠"说"和"吐槽"。

此时的袁玉梅也无法准确描述这是怎样的一部迷你剧。后来，他们利用来自优酷的大数据以及团队人员的经验，加上万合天宜这个年轻团队的丰富创意，才令这个故事逐渐丰满起来。

在最初几次的讨论磨合中，万合天宜较强的执行力凸显出来，袁玉梅说，这正是促使优酷出品选择与其合作的重要原因之一。"'叫兽'团队最大的优点就是，你可以提各种严苛的要求，他的团队总能用他们独有的方式搞定你的需求。"

《万万没想到》并非优酷出品的第一部迷你剧。在此之前，它们推出了每集7分钟左右的《乙方甲方》，两季的点击量为6000万。可以想见，这部剧也为随后制作的《万万没想到》提供了一定的经验。

相比大投资的《晓说》和《侣行》，在优酷庞大的自制节目中，这两部低成本喜剧无疑更像是一种试验。好在不同于电视和院线，互联网上视频节目的门槛并不高，一部剧的成功并不完全取决于制作与投资水平，而在相当大程度上取决于内容是否能抓住观众。

对于万合天宜而言，剧组没有钱是《万万没想到》在一开始遇到的大麻烦。编剧至尊玉完成的第一集剧本是个关于武侠剧的故事，本意是想通过模仿大量武侠剧的桥段来讽刺它们内容的雷同。写出来之后才发现，以他们的预算，这样的剧本根本无法实现。思来想去，倒不如索性写穷酸剧组拍武侠剧的故事。

在之后上线的《万万没想到》第一集"低成本武侠剧"中，剧中的穷剧组没钱做特效就用幼稚的简笔动画和简单的文字展示武打动作，请不起演员就让一个人扮演多个角色。事实上，这也是万合天宜当时的真实写照。为了节约成本，唯一一个与"王大锤"白客搭戏的演员正是导演"叫兽"客串的。

这种大胆自我解嘲的风格出人意料地赢得了互联网受众的喜欢，他们在社交网络上自发地进行传播，使这部剧成为了"2013年第一神剧"。

∴ "每个人都是王大锤"

如同餐厅设计菜品一样，尽管《万万没想到》每集只有短短的5到10分钟，乍看下去，制作与表演甚至有些简陋，但实际上，这部剧从人物、笑点到视频结构，均由制作团队为受众精心设计。

根据优酷的统计，这部剧90%左右的观众年龄在30岁以下，他们是移动互联网的主要用户，更习惯于碎片化阅读与浏览视频。这类群体大多是大学生以及参加工作不久的白领，他们心怀梦想，却无奈在现实中不断遭遇困境。

因此，万合天宜最终设定这部剧的主角是一个很衰的男生，他是都市年轻人的缩影，他的不满、忧愁、渴望会让这些年轻人产生强烈的共鸣与反响。

"每个人都是王大锤。""叫兽"这样定义。

"我特别喜欢王大锤，他的故事虽然很夸张，但是你会觉得跟自己有点相似。他虽然不是标准帅哥，但是特别可爱。"27岁的晓南是《万万没想到》的忠实粉丝，她自第一季开始就一直追这部短剧的每周更新。

此外，构成这部剧的所有元素也都指向了年轻的互联网用户。如果你是一个资深剧迷，在最开始看《万万没想到》时一定会觉得有些熟悉。这部剧好像一个大杂烩，你能找到日剧《勇者闯魔城》和动漫《搞笑日和》式的剧情，法剧《总而言之》式的字幕呈现与快速剪辑，美国《洋葱新闻》和日本动漫《银魂》式的笑点。这些都是年轻网友才会喜欢的风格。

"我们在做的就是将这些搞笑的方式本土化，做出自己新的风格。""叫兽"并不避讳《万万没想到》对国外剧集的借鉴，在他看来，这实际上反而成为了《万万没想到》独特的风格，到后来，再没有人会觉得这部剧像谁。

尽管在内容与制作上接地气到有些"屌丝"，但在袁玉梅眼中，《万万没想到》在幽默设定上却定位在了"精英范儿"。目前在内容审查方面，网络剧比传统影视剧要不规范得多，很多网络自制剧会打着暴力、色情等擦边球招拢人气，而《万万没想到》却把密集台词中的笑点作为自己的招牌，尽管这样的幽默需要观众绕个弯才能领会。

在拍摄之前，优酷会过一遍剧本。凭着多年经验，袁玉梅偶尔会针对类似"妈妈再也不用担心我的菊花啦"这样的台词提出意见，最终由万合天宜进行修改。比如这句，最终呈现给观众的是"妈妈再也不用担心我的学习啦"。

《万万没想到》每周播出一集，快节奏与灵活性也更贴近年轻观众群体的口味。在边拍边播的模式下，视频内容不仅能对热点话题及时做出反应，也能根据观众的反馈对下一集进行调整。

一般情况下，剧本框架会在当季开播前全部确认，在正式拍摄前用一周时间补充完成，是整部剧最费时间的部分。每一集的拍摄工作仅需一天，后期制作需要三天左右，一开始准备两三集备播，就能有效保证每周更新。

这样高效的运作方式也获得了越来越多广告商的青睐。一开始，优酷虽然没有专门为这部剧招商，但却预留了招商空间。在传统视频中，快节奏的短片子很难插得进贴片广告。为此，袁玉梅提出了可以设置广告位的想法，最终万合天宜在片子开头冠名和结尾花絮两个地方设置了广告位，除此之外，番外篇正片内容也可以植入广告。

"叫兽"的想法是"做好玩的广告"，但要做到将令人厌烦的广告变成笑点却非常困难，需要五六人的编剧团队共同头脑风暴合作完成。

《万万没想到》每集开头都有亦真亦假的广告赞助，例如"本集由韩国宇航局赞助播出——我要去远方看看还有什么是属于我们的"，或是"本集由找靠谱工作的赶集网赞助播出——你没工作不要紧，我有啊，啦啦啦"。

这种通过调侃广告客户来消解观众对广告抵触心理的做法，效果很不错，观众的评论里几乎没有对广告的抱怨。

等到第一季播到第六七集后，广告客户已经开始自己找上门来了，其中大部分都与互联网相关，比如游戏、笔记本电脑等。到了第二季，客户在互联网相关行业的基础上扩展到了食品、饮料以及金融等行业。

第1佳大鸡排就是其广告客户之一，其创始人崔雄在《万万没想到》第一季播出结束后，就找到了万合天宜商谈接下来的广告合作。这个在全国拥有近2000家连锁店的小吃品牌在营销上一直有着独特的思路。早在2009年公司成立不久时，开心网上一个关于"豪车送鸡排"的帖子被转发了60多万次。这个点子正是崔雄想到的一个低成本营销方式。此后，开着豪车送自家鸡排的崔雄开始自称"鸡排哥"。

"鸡排哥"发现，《万万没想到》的受众与自己公司产品的受众有很大程度上的契合，这个群体的人都很年轻，喜欢上网，敢于尝试新鲜事物。但广告费可不便宜。"在目前的自制剧市场中，《万万没想到》的广告费可以说是天价。在网络剧中每集要价高达几百万元，相当于在电视媒体中要价过亿的中央电视台。"崔雄说。

在第二季中，第1佳大鸡排买了三集片头冠名、两集片尾花絮与一集番外篇的内容植入。崔雄说，剧集播出后，鸡排店客流量明显增大。他觉得，尽管广告费很贵，但这钱花得挺值。

随着《万万没想到》逐渐显现出商业潜力，优酷也开始加大推广力度。第一季开始时，优酷只是在优酷网原创平台广告位上展示，更多的是万合天宜团队成员自己通过网络影响力进行传播，好在"叫兽"、白客和演员刘循子墨、小爱等都是粉丝过百万的网络红人，有着一定的影响力。

到了第一季后期，优酷开始提供最优质的首页广告位与内容推广位。到了第二季时，还设计出了一个订阅系统，点击订阅的用户可以提前看到新一集的更新。不仅如此，优酷还推出了一档关于剧组探班节目《万万要保密》回馈给粉丝，同时开始经营专门与粉丝互动的微信账号。每一集出来的流行语都是经过设计和预判，由优酷准备并投放在社交网络上进行病毒营销。这些都为《万万没想到》在社交网络上的走红添了一把火。

线下也会有针对性地进行推广，比如在学生返校高峰时，优酷会选择在高铁上投放广告。

随着剧集的日益火爆，万合天宜开始尝试更多的可能性。以幕后团队为蓝本打造的小说《万万没想到：生活才是喜剧》的签售会无论走到哪座城市，现场都挤满了前来支持的粉丝；其大电影在2015年上映，相关游戏的开发也在计划之中。

至此，《万万没想到》不再只是一部网络剧，而是成为了一个拥有多种类型产品的文化品牌。

"就像《海贼王》，到了年纪就该出海"

毋庸置疑，相比其他视频制作团队，源源不断地创新是万合天宜团队的核心竞争力，清晰的商业模式也是维持这家公司成功运作的重要因素：优质的内容能对目标用户产生黏性，这能为独家合作的视频网站平台带去流量，同时对广告商而言，广告的投放也更有针对性。

不过，这并不意味着万合天宜就可以自此高枕无忧了。

在电视剧版权费用不断上涨、美剧下架、一剧两星政策等的驱动下，国内多家视频网站纷纷宣布要加大自制剧的投入力度。优酷宣布将花费3亿元在视频自制上，其他视频网站虽然没有公布具体数字，不过相信不会低于这个量级。相比去年不到1000集的自制剧规模，2014年自制剧预计将超过1700集。

这种来自视频网站的支持，是2014年成为业内人士口中"网络自制剧元年"的最佳土壤。不过这也就意味着，随着越来越多的竞争者来分食网络自制剧这块大蛋糕，万合天宜面临的挑战和压力也就越来越大。在《万万没想到》取得成功后，如何持续输出优质内容是万合天宜亟须解决的难题。

其随后推出的《报告老板！》在保持《万万没想到》的叙事风格的同时，尝试了关于电影解构的行业剧元素。尽管一开始观众的反响不是很好，但边拍边播灵活的优势再次得以发挥，根据网友评价与万合天宜内部"90后"员工意见的不断进行修改后，《报告老板！》第一季点击量超过了3亿。此外，网友对目前放出的《报告老板！》年底贺岁篇的反应也很热烈。

不仅如此，万合天宜的合作平台也不再仅限于优酷，而是在不断拓展。2014年，万合天宜与爱奇艺合作推出了科幻喜剧《高科技少女喵》，与乐视合作推出了百科喜剧《学姐知道》。这两部剧目前上线了十几集，截至目前播放量分别约为8050万和7215万，与《万万没想到》超过14亿的点击量相比，有着不小的差距。

《万万没想到》惊人的点击量为优酷带来的流量显而易见。事实上，第一季火了之后，就有多家视频网站找到了万合天宜，希望能打造一部专属于自己平台的网络剧。在跟这些视频网站谈判的过程中，万合天宜的话语权也发生了变化，与乐视、爱奇艺的合作模式从之前的利益与版权均分变为平台仅享有独播权。现在视频网站对于万合天宜而言，更接近一个播出平台与推广渠道。

下一步，万合天宜将公司重点放在了品牌培育上，未来一年内将会有10到15个新项目，其中不乏偶像剧、爱情剧等各种类型，合作平台也不仅仅局限于视频网站。可以说，从开始那天起，电视、电影、游戏、出版等跨平台合作就在他们的计划之中。

"就像《海贼王》里的人，到了年纪就该出海一样，其实就是到了这个时候了。"白客这样形容公司现在的各种尝试。万合天宜的大部分员工都是日本动漫《海贼王》的拥趸者，在这个故事里，一个心怀梦想的海贼出海后找到了许多身怀绝技的朋友，一起探险寻梦。

对于万合天宜来说，寻梦事实上是从《万万没想到》开始的。2011年万合天宜刚刚成立，彼时，传统影视公司并未适应网络平台的制作模式，市场中也尚未形成完整的新媒体营销链条。但通过网络观看视频的人数正迅速崛起，优秀内容却很稀缺，新媒体市场潜力无限。

公司建立之初，10人左右的员工基本上都来自于柏忠春在土豆网时所管理的广告制片部。商业上延续了他们在土豆网时的模式，将广告客户的需求转化成为视频的形式表现出来。

第一年公司虽然实现了盈利，但利润较薄，基本属于收支平衡。此时公司员工在30人左右。第二年拍摄《万万没想到》后，万合天宜才开始真正走上了发展的快车道。当年公司收益过千万，员工增加到了百人，为此不得不新增添了一层办公室。其装修风格与之前那层一脉相承，开阔的办公空间内部没有一扇门，装修与布置给人一种相当自由的感觉。"如果把每个人关在一个小黑屋里面，他们的沟通成本会很高。"柏忠春认为，互联网精神就是要打破界限，没有门的设计方便员工的想法和创意能够随时碰撞。

万合天宜员工的座位不是按照部门职位安排，而是按姓名字母顺序排列，似乎是在有意弱化部门上下级之间的界限。其大部分员工都是"90后"，"80后"都出现在总监及以上级别的职位上。

在团队开会的过程中，员工可以摆着自己舒服的造型围坐在一起进行头脑风暴，好的点子会被通过，不好的点子也会被坦然毙掉，不论发言的人是什么身份。编剧至尊玉坐在办公室的沙发内，把搭在茶几上的脚收了回来，略有歉意地表示这是在万合天宜开会时养成的习惯。在这个团队里，相比循规蹈矩，不按常理出牌的想法是更被看重的。

现如今，蒸蒸日上的成绩并没有让万合天宜团队陶醉在成功的喜悦之中，相反，其核心成员的脑海里随时都充满了危机意识——《万万没想到》第二季面临的一些争议已经为他们敲响了警钟。

第二季并没有完全复制第一季，而是在不断改进当中，其体量更长，情节也不再追求第一季的短小轻快，而是更加追求画面的质感与故事的完整性。当然，这种改进获得了相当大一部分粉丝的认可。自第二季上线以来，其累计播放量超过了6亿次，与第一季相比，火爆程度丝毫不减。

26岁的设计师韩澈从第二季开始接触《万万没想到》，随后他又补看了第一季。"第二季制作更精良，之前没接触过这种剧，觉得相当惊艳。相比之下第一季反而有些平淡。"

但是，也有相当一部分从第一季就开始观看这部剧的粉丝，表示无法接受这种"糟糕的改变"，晓南就是其中之一。在她看来，"第二季的笑点没之前那么密集了"。

对此，"叫兽"坦言，他会感到有种危机感。"'万合天宜'这个名字的意思是，万物要符合自然规律，任何事物、组织、人都会有一个兴衰期。《万万没想到》如果有一天不红了，就是我们被时代抛弃了。"他说，这种压力也是动力，会激励团队不断去突破创新。

在自制剧风起云涌的今天，面对粉丝的质疑，甚至一向对网络极其敏感的"叫兽"，也坦言无法准确预判什么样的风格才能为更多的网民所接受，并掀起下一波热潮。但对于他和万合天宜来说，有一点永远不会改变，那就是将《万万没想到》的制作态度复制下去。

"什么样的态度？"

"草根、平民精神，真诚、不装。我说了做广告就是做广告、我说了穷就是真穷，说了要逗你们开心就要想尽各种办法做到。""叫兽"说。

漫咖啡如何快速成功

不同于星巴克、COSTA等美式咖啡连锁，这个由韩国人创立的咖啡品牌，正在寻找另外一种生存之道。

《财经天下》/苗正卿　张厚

"漫咖啡（Maan Coffee）绝不仅仅只是一个喝咖啡的地方。"

在漫咖啡北京将府公园北门店二层的玻璃墙包间中，辛子相点燃了手中的雪茄，向《财经天下》周刊说道。

这名来自韩国的商人是北京漫创作餐饮管理有限公司董事长、漫咖啡创始人。自2010年12月25日第一家漫咖啡试营业以来，已处知天命之年的辛子相就已经成为了中国咖啡市场上名副其实的明星。截至2014年年初，他在中国已经开业的36家漫咖啡门店全部实现盈利。辛子相称，漫咖啡门店目前的回本周期仅为一年，最慢的也能在两年内收回成本。

对于漫咖啡的成功，辛子相总结说："人们记住漫咖啡绝不是因为咖啡。"这与八年前星巴克创始人霍华德·舒尔茨写于自传《将心注入》中的名言颇为类似：星巴克的品牌甚于咖啡。

"漫咖啡并非一个简单喝咖啡的地方，这是一个聚会、活动、休闲、谈话甚至开会的地方，我希望漫咖啡能成为家、单位、餐厅之外，中国消费者第四个日常活动的场所。"辛子相说。

::::: "最放松的咖啡厅"

与许多商人不同，辛子相人生最大的偶像并非耳熟能详的商业巨子，而是一位建筑师，他让辛子相从年轻时就开始迷恋建筑，并开始对自己店铺的艺术设计有一种执迷般的追求。

"我最大的爱好之一，就是喜欢去看各种漂亮的建筑。"辛子相表示。那位对辛子相影响巨大的建筑师，正是以把自然感融进现代建筑而著称的大师隈研吾。这种源自年轻时的喜好，某种意义上决定了漫咖啡的风格走向。在漫咖啡中，你看不到过分装饰的家具，也看不到画得极为精美的墙壁，你能感觉到的是一种自然与古典感。

种在屋子内的柿子树、充满古典意味的土耳其吊灯、未经过分雕琢的原木家具……有位漫咖啡的老顾客说，漫咖啡不像一个咖啡厅，而像一个哈利·波特故事中霍格沃兹魔法学校里的存在。

"这种自然感，会让漫咖啡的顾客感觉放松，放松是漫咖啡的最根本的追求，也是漫咖啡成功的根本原因。"辛子相说，这种放松、自然的风格是漫咖啡在创立之初就已经设定好的。

2010年，辛子相出差上海，偶然进入了一家非美式咖啡厅。"这个咖啡厅挺让我震惊，里面有许多让顾客可以打牌、做游戏的空间。""之前我在中国去过的几乎都是美式咖啡厅，美式咖啡厅往往给人一种很拘谨的感觉。"辛子相一直对这样"拘谨"风格的咖啡厅不感冒，尤其对有些美式咖啡厅所提供的站着喝咖啡的体验方式很不赞同。上海的体验，让辛子相产生了创立一个咖啡厅品牌的念头。

"美式咖啡厅太严肃了，完全不是一个放松的空间。"于是，辛子相开始从"最放松的咖啡厅"这个角度勾画自己的咖啡生意。

早在韩国时，辛子相就曾有过8年的咖啡厅管理经验，这让他对一个咖啡厅该如何运营非常熟悉。而在创立漫咖啡前，辛子相2006年在中国已经创办了爱江山烤肉店，这也让他对中国消费者的消费习惯和思维模式非常熟悉。

在辛子相的规划中，漫咖啡应该成为一个多年龄段、多职业消费者都能来此放松的地方。"中国咖啡市场上，不缺乏好的咖啡豆，而缺乏好的咖啡厅。"好的咖啡厅必须有独特的氛围，而氛围则来自于设计。

决定进军咖啡厅生意后，辛子相通过自己的渠道聘请了一些对自然风格与现代建筑结合很有心得的人，这些人在漫咖啡内部组成了设计团队。"从整体设计到一桌一椅的选择，漫咖啡都在追求一种统一的风格。"辛子相说。

参与了漫咖啡北京大悦城店施工的北京海岸设计公司创始人郭准认为，漫咖啡的设计风格与国内大部分咖啡厅风格都不一样。"这是归本主义的一种体现，更加自然，更加淳朴，这样的环境能够让消费者感到很舒服，很亲近自然。"

漫咖啡的设计风格并非仅仅体现在建筑结构上。在漫咖啡的店面中，你能看到可让十几个人围坐的大木桌，以及各种颜色、外形的椅子，甚至可能一张咖啡桌边会摆着四把完全不一样的椅子。"我们希望顾客能把全家人带到漫咖啡来放松，所以我们有很多大桌子，而不同的椅子和许多有差异化的小家具、小装饰是为了确保我们的消费者不会有视觉疲劳。"

辛子相的点子远不止于视觉上。在漫咖啡中，服务员只提供送餐上菜的服务，点单是需要消费者去点餐台完成的。在点餐台，有专门的员工会向消费者介绍各款餐饮品的特点。"我们要确保消费者吃到、喝到真正适合自己的东西，而不是盲目地点东西。"为了提高漫咖啡整体的趣味程度，辛子相还想出了拿小熊当作点餐牌的主意。"我希望消费者一进入漫咖啡就感到很有新意，很有趣。"

从目前来看，辛子相所打的"放松"牌、"贴近自然"牌、"有趣"牌都很成功，全国漫咖啡店平均单店客流量能够保持在每天1000人次的标准，而目前几乎全部的漫咖啡店都处在盈利状态。

⋮⋮ 第三干道

与漫咖啡的普遍盈利不同，中国市场上大量咖啡厅都处于截然相反的生存现状。在中国咖啡厅密度最大的城市厦门，有超过2000家咖啡厅，其中真正盈利的不足三成；而杭州的咖啡厅市场更是出现了"343"模式：三成盈利，四成持平，三成亏损……半坡咖啡创始人秦刚分析称，这种情况的出现与一二线城市高昂的租金成本不无关系。一般情况下，咖啡厅都集中在人流量较高的繁华地段，而在这些地段开店的成本可想而知，如今一个二线城市的咖啡厅单店投入平均都要150万元。

对于高租金给咖啡厅带来的困扰，雕刻时光集团CEO赵珂僮深有体会，他直言："如今对咖啡厅而言，最大的成本压力就是租金，一般能够占到全部成本的20%至30%。"

然而，与其他咖啡厅不惜以高租金的成本追逐在豪华地段开店不同，漫咖啡却另辟蹊径，偏偏将店面选址在偏冷地带。

在一份漫咖啡内部参考的店铺选址PPT上，最后一页写着一段话："不一定非得将店铺选择在第一主干道上，考虑到租金关系，我们可以开在第二、第三干道，如果一些高等学府里有合适的位置且价钱合理的话，也是比较可取的。"

以漫咖啡北京正开业的店铺为例，与大量美式咖啡厅选择开在商超之中不同，漫咖啡丽都店位于四得公园旁，将府公园北门店开在五环边上的将府公园旁，人民大学店开在教学楼内……

咖啡品牌研究人士林义杰认为，星巴克等美式咖啡厅的选址多在繁华地段以求获得高人气，在高租金压力下，这些咖啡厅非常看重客人的流动性，于是站着喝咖啡成为了这些咖啡厅的一种风格。与之相比，开在非黄金地段的咖啡厅，其产品、风格都会有所不同，因为对顾客的期望是不同的，这些不依靠商超地段大流量客流为生的咖啡厅，更看重的是客人能够在店中完成多次消费，而非买一杯咖啡就走。

"那些黄金地段的租金可能每天30元每平方米，甚至每天40元每平方米。漫咖啡的开店面积一般是在500平方米到800平方米之间，如果我们选择这样的黄金地段，那么每天光是租金的成本就会达到1.5万元至2.4万元。"辛子相分析称。

以漫咖啡工体店为例，其总面积达到1000平方米。由于避开了商超所在的黄金地段，漫咖啡工体店的租金价格仅为每天6元每平方米。"如今，工体店是漫咖啡盈利最好的店，单日营业额可以达到5万元。"

不过，选址策略并不是漫咖啡盈利秘密的全部。事实上，观察菜单你会发现，漫咖啡内的饮品价格与星巴克等美式咖啡厅相差不多，但以华夫饼、吐司为主的餐点价格却比美式咖啡厅类似的产品贵了许多。

"咖啡实际上是利润率很低的产品，华夫饼、吐司成本很低，但附加值却比咖啡大得多。漫咖啡的聪明之处就是懂得不以咖啡厅和卖咖啡来存活。"营销学者陈玮表示。

"漫咖啡中卖得最好的商品其实并不是咖啡。"辛子相认为，自己门店的地理位置选择已经决定了漫咖啡绝不会靠卖"站着喝的咖啡"来盈利，"我们希望顾客在漫咖啡能待上一天，他自然会吃点喝点，还可能会把朋友叫过来一起吃饭。"

在漫咖啡店里长期有消费满9杯咖啡送1杯的活动，而华夫饼等食品从不参加活动。"我们送给客人优惠卡，通过满9送1的活动来增加人气，而华夫饼与吐司确实可以增加客单消费。"辛子相说。

除了租金和食品消费，漫咖啡的加盟战略也为辛子相缓解了资金压力，间接增强了其盈利能力。

作为中国咖啡连锁市场上的巨无霸，星巴克采用与三大区域合作的模式，合作方帮助开发适合当地市场口味的餐饮食品。在门店管控上，星巴克一直保持纯血状态，尚未采用加盟方式开疆拓土。

与星巴克不同，漫咖啡在增加店面的时候采取"直营+合作"的模式——除了北京、上海等一线城市，在二三线城市，漫咖啡会与当地的合作商合作开店。在这些合作店中，漫咖啡的投资比例会保持在25%至35%之间。"我们一般只与有实力的合作商合作，一般要求对方至少拥有承接十个门店的实力。"辛子相说，这也是星巴克在中国运作十几年，而门店数量却被韩式咖啡厅两三年内追上的原因。

目前，因为盈利能力突出，漫咖啡已经成为合作商眼中的香饽饽。"我们是有选择空间的，如果合作商表示只愿意承接一个门店，我们可以立刻找到更有实力的合作商，今后两年在中国的200多家门店中，漫咖啡会保持30%左右的直营店，其余都是合作经营。"

资金实力、拓展能力、与漫咖啡经营理念的契合是辛子相选择合作商的三大标准。"合作店铺的选址、产品、服务等关键环节我们都会把关。"

⠿ 咖啡3.0

对漫咖啡生意充满信心的辛子相表示，未来10年内他将在中国开超过3000家漫咖啡门店。与此同时，他的竞争者们同样来势汹汹。

来自中国企业品牌研究中心的数据显示，人口500万的芬兰，全年咖啡销量为50万包，而中国全年咖啡销量尚不足40万包。波士顿咨询公司的数据也印证了中国咖啡市场蕴藏的巨大潜力，在它们看来，2015年中国将成为全球第二大咖啡消费市场，而2020年中国有望成为全球第一大咖啡消费国。

在中国市场这块大蛋糕的诱惑下，咖啡巨头之间已经展开了激烈的竞争。星巴克早在2012年就宣布计划到2015年在中国开1500家门店；2008年创立于韩国的咖啡陪你，2012年进入中国以来已在中国开设500家门店，它们计划到2015年在中国开店超过1000家……

与此同时，越来越多的韩式咖啡品牌比如咖啡陪你、动物园咖啡等正在加速加入中国市场。一场原本由中国本土咖啡品牌与美式咖啡品牌一对一的厮杀，已经逐渐变成了中式、韩式、美式三方的角逐。

在激烈的竞争中，尽管对星巴克的美式模式不感冒，但辛子相的漫咖啡依然与星巴克等品牌的影响力差之千里。起码在最新的中国品牌力指数排名上，前几位牢牢被上岛、星巴克、Costa咖啡占据。想实现3000家门店的目标，辛子相依然前路漫漫。

"但我不觉得眼下有哪个咖啡厅是我们天然的对手，因为市场定位不同，中国咖啡市场这么大，我们分工不同，不会发生你死我活之事。"在辛子相看来，尽管竞争激烈，但在中国的咖啡市场上，缺少真正适合中国消费者的产品，而这正是漫咖啡的优势所在。

"可能你去一个美式咖啡厅，会说去买杯咖啡，但是你不会说来漫咖啡买杯咖啡，而只是说来漫咖啡。"辛子相的终极目标是：把漫咖啡打造为家与单位之外的第三空间。

其实这种理念，最早来自星巴克创始人霍华德·舒尔茨。当年，舒尔茨希望通过星巴克的产品以及内部装饰氛围，吸引消费者把星巴克当作第三空间。现在，比起漫咖啡的放松休闲，星巴克已经成为了很多人商务会谈的首选去处。

"韩式、美式与中式本土咖啡厅的起源不同，风格也不同。"赵珂僮认为，中式本土咖啡厅目前的发展趋势是细分模式，也就是强调某种主题；美式咖啡厅源自美式快餐文化，他们强调的是边走边喝的风格；而韩式咖啡厅是韩国经济腾飞时期开始发展起来的产物，从一开始，韩式咖啡厅就不是一个单纯喝咖啡的地方。"在韩国，咖啡厅会提供早餐，其扮演的更多的是一个多功能聚会场所而非简单喝咖啡的地方。"

其实有业内人士曾质疑漫咖啡与咖啡陪你在很多细节上比较相似，比如装饰。"漫咖啡在韩国没有任何门店，完全是依照中国消费者习惯打造的产物。"对此，辛子相回应说，比起漫咖啡，咖啡陪你更强调韩流明星元素。比如在咖啡陪你中，一进门就会看到韩星张根硕的海报，而通过消费还可以获得有韩流明星标记的纪念品。

　　"我认为漫咖啡最大的对手是漫咖啡自己。"现在，辛子相每周都会去门店考察，他甚至会因灯光亮度、音乐音量等细节的失误而大发雷霆。"漫咖啡从没打过广告，却能获得不错的反响，靠的是口碑，所以对漫咖啡的品牌形象，我非常谨慎，而且我们会不断调整变化。"

　　一个最新的消息是，2014年年底漫咖啡会有针对性地推出一些粉丝回馈活动。"我们马上要在将府公园附近建立一个2000平方米的咖啡博物馆，为我们的忠诚粉丝顾客提供免费的咖啡品鉴课程。"

　　在辛子相的战略中，中国咖啡市场马上会进入3.0时代。"第一个时代是有咖啡喝就行，第二个时代是选择一些品牌去喝，第三个时代将是选择咖啡豆和味道去喝。"在辛子相的判断中，再过几年，中国咖啡市场就会进入3.0时代，即顾客会开始选择咖啡豆原产地、咖啡磨制工艺等，"就如同现在的中国红酒市场"。漫咖啡之所以2014年下半年要推出针对忠诚顾客的咖啡品鉴课程，也是为了在3.0时代培养出自己的消费群体。

　　"漫咖啡会为自己培养一个全新的市场。"辛子相说。

"妖股"唯品会的特卖传奇

唯品会已经连续7个季度盈利了。它的巨大成功，带动京东、淘宝、当当、聚美优品等电商也推出了自己的特卖平台，这也使得它将面临更大的挑战。

《财经天下》/朱晓培

"很多人一直在研究我们，我们刚上市回来，说我们流血上市；过了半年，我们股价升了很多倍，又说我们是'妖股'。现在，很多竞争对手又都在研究我们的模式。"8月18日，在唯品会2014年第二季度财报分享会上，唯品会CFO杨东皓自我调侃道。但他同时又强调，"表面上看都是特卖，但是背后的做法完全不同。"

财报数据确实再次凸显了特卖模式的商业价值——2014年第二季度，唯品会总净营收8.294亿美元，同比增长136.1%；净利润2640万美元，同比增长192.1%；自上市以来，它已连续7个季度盈利。受唯品会成功的影响，其他电商平台也纷纷引入了特卖模式，京东、淘宝聚划算、当当等都号称要全力杀入特卖市场。唯品会模式在获得市场认可的同时，也迎来了更多的挑战。

在中国互联网领域，几乎从来没有一家公司像唯品会这般充满争议。2012年3月，唯品会在纽交所上市，因为不被美国投资者看好，原定8.5至10.5美元的发行价跌至6.5美元，而开盘首日的收盘价仅为5.5美元，并持续低迷了近半年的时间。眼下，唯品会的股价已经达到222.45美元（2014年8月19日开盘价），是其两年前发行价的50倍，高于百度的220美元，而125亿美元市值也微超了奇虎360，从而跃居为中国第四大市值互联网公司。

唯品会逆袭得太过突然，无论是普通投资者，还是大型投资机构，都对唯品会股价的疯涨感到震惊和疑惑，以至于给了它一个绰号——"妖股"。2014年5月，中概股集中上市期，唯品会甚至一度成为上市企业的参照词，"途牛成在线旅游'唯品会'""聚美优品成化妆品'唯品会'"，类似说法屡见报端。

"曾经，唯品会是大家不看好的公司，今天，唯品会是大家看不懂的公司。"宝宝树CEO王怀南对《财经天下》周刊说，但这并不妨碍唯品会成为一家优秀的公司，"起码，它的业绩达到了优秀公司的要求。"2014年早些时候，宝宝树决定进军母婴电商，在经过慎重挑选后，决定与唯品会合作开展母婴服装特卖业务，"我们的合作伙伴今年只有一家，就是唯品会"。

火热的特卖市场

"你们这么一个小公司，怎么就能说未来电商趋势就是你们和天猫、京东并列？"2012年，唯品会在招股书里列出了中国当代电商的三大业态代表——以天猫为代表的集市模式，以京东为代表的传统B2C销售模式，以唯品会为代表的精选品牌自营特卖模式。结果遭到了一些投资人的嘲笑。

"很多投资人不理解我们这种模式和增长潜力，看了这张表就觉得可笑。"杨东皓说。

这种起源于法国网站Vente Privée的商业模式，又称为"限时抢购"。一般来说，做特卖的网购平台会以原价1-5折的价格供专属会员限时抢购，每次特卖时间持续5至10天不等；先到先买、限时限量、售完即止，顾客在指定时间内必须付款。而唯品会把每次特卖的时间规定为5天。

艾瑞在其最新发布的《中国网络限时特卖市场研究报告》中表示，2013年中国网络限时特卖市场规模达378.0亿元，较去年增长100.5%，预计2016年或将突破1800亿量级。客观地说，以唯品会为代表的特卖市场，确实是过去两年里，中国电商江湖最大的惊喜。

中国网络特卖模式成功的一个原因是：中国品牌商的清库存压力。

过去几年里，不断膨胀的尾货积压使众多品牌商陷入了现金流短缺的困境，面对库存压力，品牌商做出了价格让步，以线上、线下各种渠道进行促销。相比线下渠道，线上渠道的优势是非常明显的：不需要缴纳高额的进场费从而对消费者的让利更大；而由于限时特卖平台必须在限定时间内付款，资金回流更快。于是，品牌商和特卖平台一拍即合。"中国的线下折扣市场还十分欠发达，这恰恰给唯品会创造了需求，带来了供应方面的机遇。"杨东皓说。

如今，网络特卖已经成为了中国电商的新大陆。当当网"尾品汇"、京东"闪团"、凡客诚品"限时购"、天猫"品牌特卖"……众电商纷纷涌入特卖市场，抢夺网络限时特卖带来的巨大商机。而来自这些平台的一些数据也印证了特卖模式的成功。其中，当当的闪购业务在今年第二季度服装品类交易增速高于平台，规模也已经超过了整体平台交易额的50%。"当当玩服装尾品汇一年，服装交易总额能够翻倍，转型有点晚，但还是抓住了时机，正是服装让李国庆的腰板硬朗了很多。"电商分析师鲁振旺说。

⋮⋮⋮ 唯品会不同在哪里

"评估一家电商企业，一看其模式，二看其经营效率，三看其顾客留存率。在这三个方面，唯品会都有闪亮的表现。"前当当网COO、天猫创始总经理黄若在其新书《再看电商》中写道。

艾瑞网早期公布的一份数据则显示，2012年上半年国内B2C电商平台整体重复购买率为49.76%，唯品会月均复购率则达82.41%，约是其他电商平台的两倍。而唯品会最新的数据则显示，其70%的重复购买用户贡献了全网约90%的销售额。

"我们是精选品牌。互联网讲究用户体验，就是要找到用户的痛点，并且很好地解决它。"杨东皓说，唯品会有一支800人的专业买手团队，"这些买手有很强的专业能力，经过他们挑选出来的品牌和款式，通常都符合当下消费者的需求。所以很多消费者在唯品会比在其他的任何网站都更容易找到他们喜欢、想要的商品。"

对于唯品会来说，专业的买手团队已经成为重要的无形资产。"他们（竞争对手）想要挖人，挖十个八个的不顶用，挖多了也挖不动。"杨东皓说，"我们优秀的买手都有股权激励，唯品会的股价又那么高。"

此外，拥有强大的议价能力是唯品会一个明显的优势。"精选品牌+深度折扣+限时限量"是唯品会领跑特卖市场的核心竞争优势。截至2014年第一季度，唯品会与近10000家品牌商合作，其中1300余家为独家合作。杨东皓表示，随着唯品会规模的扩大，自然而然地就会拥有对品牌商的议价能力。不过，在外界看来，并非只是规模这么简单。

"沈亚本身就是温州商人出身，和服装制造商有着天然的关系。这不是其他电商能比的。"亿欧网创始人、电商分析师黄渊普说道。据传，鲜在媒体露面的他，日常生活中经常与各个品牌的老板们一起把酒言欢、称兄道弟。"沈亚很懂得维护和品牌制造商之间的关系，他们的关系是我们很难切入进去的。"唯品会的一家竞争对手的员工说。虽然一些竞争对手也开始学习唯品会与品牌商之间打交道的方式，但效果并不明显。

由于唯品会做的是闪购模式，一般一种商品只卖5天，又是自营的方式，所以货物在仓库都是大进大出的模式。"对于物流来说，每5天仓库里的货就要周转一次，考验非常大。"杨皓东说。

唯品会采取了与其他电商平台不太一样的物流模式。它主要负责在各地自建仓库，目前已经在上海、广州、成都、天津等4座城市建成了约54万平方米的仓储中心，根据计划，2014年年底还会在武汉建设一座新仓库。但它并不自建配送队伍，而是与社会物流合作。这种被唯品会称为"干线加落地配"的物流方式，使得它的投资比京东少。"今年，唯品会的净利润有望突破10亿，这体现了高效电商供应链的价值。"电商分析师鲁振旺说。

不过，这种模式的负面效应是：随着规模的增加，其物流成本可能反而会上升。唯品会也认识到了这一点，"我们以前不自建物流，是因为我们的单量不够，不能支撑其成本。但现在我们认为我们的单量可以支撑起在全国自建物流了。"杨东皓透露，唯品会除了考虑自建物流外，也正在洽谈一些收购事宜，希望通过入股、参股等方式扩建物流体系。

"干线加落地配也是表面现象。我们是非标品，其他电商可能更擅长的是标品，标品和非标品在仓库的运营里是截然不同的。"杨东皓说，在唯品会的仓库里，因为服装都是柔软的，所以是放在篮子里的，而其他以标品为主的电商则多采用架子和托盘。"整个仓库的流程都是不一样的，听上去很像，其实是完全不同的。"

随着唯品会股价的不断高攀，一些分析人士认为，唯品会的高增长模式即将结束。《福布斯》的专栏作家尹生认为，唯品会作为一家垂直电商，其规模的可扩张性自然不敌京东。而随着规模的增长，当其向其他产品扩张时，可能使其在女性用户中较好的使用体验下降。此外，还有人认为，曾经的库存红利正在减少，服装特卖超高速增长期已过，未来增速必然放缓，2014年初唯品会收购化妆品垂直电商乐蜂网，就是因为意识到了这一问题。从2013年开始，淘宝、京东等平台电商开始频繁地在三四线城市展开的刷墙运动，也给一直以三四线城市为主要市场的唯品会带来了压力。

不过，杨东皓却十分乐观。"很多人认为经济有问题了才会出现服装的尾货，经济一旦好转了服装的尾货会消失，这是不对的，因为服装行业天然会一直产生库存。"杨东皓指出，数据显示一个品牌商在正常的季度通常会产生20%的积压库存，唯品会无需担心货源问题。"虽然我们已经是全国最大的特卖网站了，但我们是比较年轻的公司，整个中国的特卖市场本身体量大，增长很快，这个市场的潜力还远远地没有发掘出来。"他有信心在未来5到10年中，唯品会的特卖市场都能持续高速增长。"目前，唯品会的渗透率为3%，还有很大的空间，如果到了90%，那有可能会遇到瓶颈。"

跑步之后，耐克大力灌篮

在跑步上尝到甜头的耐克，度过一个不完美的世界杯后，集中了所有资源在篮球上发力，希望跟跑步一样，篮球也可以在中国更加流行。

《财经天下》/韩牧　施雨华

27胜55负，这是NBA湖人队上赛季的成绩。一看就知道，这是一个糟糕的赛季。32.9%的胜率为湖人队历史第二低，也是其迁至洛杉矶以来的最差战绩。显然，所有的球迷都在期待受伤的当家球星科比复出。

"Kobe……Bryant……"2014年7月31日晚，在主持人陈建州和艾力克斯拖得长长的音调中，科比小跑着奔向上海江湾体育馆球场中心，他的身后是"篮球不问出处打出名堂"的标语。

这是科比自2013年12月受伤后，第一次"复出"回到球场，接受球迷们的欢呼。在此之前，30名小球员已经悉数登场，但最后一个出场的他瞬间就俘获了现场球迷的心。

"科比到哪里，哪里就是他的主场。"媒体席上，大部分记者都站了起来，一位体育记者对《财经天下》周刊说，这是科比第9次来中国，他参加了大部分活动。

的确如此。在有2800个座位的上海江湾体育馆，连许多过道都挤满了人。一些未能进入体育馆的球迷在外面高喊着科比的名字，用另一种方式为他加油。在此之前的半个小时内，门票被票贩子炒到了500元一张，甚至还有叫价到1000元的。

这个名为《打出名堂》的活动，是品牌商耐克打造的一场网络篮球真人秀。耐克希望激活越来越多的年轻人喜欢并参加篮球运动，就跟跑步一样，篮球可以成为一种时尚，甚至是文化，逐渐流行起来。

过去几年，耐克极力推广的跑步运动终于被点燃引爆，并成为被许多中国人接受的时尚运动。而耐克也享受到了跑步流行带来的红利：最近几年，耐克跑鞋系列的销售都达到了两位数的增长。

"怎么让运动成为一种主流价值观？耐克一直在想各种不同的方法（来实现）。"耐克大中华区资深传播总监黄湘燕说，耐克在做跑步推广时发现，让越来越多的人参与并有一个很好的体验至关重要。

为了吸引更多人参与《打出名堂》，耐克动用了最重要的资源。比如，NBA球星科比、詹姆斯、凯里·欧文、安东尼·戴维斯，中国大陆教练王非、球星易建联以及台湾影视演员张钧甯。

为了增加传播度，耐克要求所有报名球员都上传一支30秒的视频，展现自己的球技与故事。这些视频被上传到耐克的官方微信与微博等新媒体中。

"从最优秀的运动员一直到草根都感兴趣，这个运动才会生根，"耐克大中华区副总裁兼篮球业务总经理Yuron White说，"我的一个目标就是让更多运动员来到这里，把它做成NCAA或者NBA，这是我们的策略。"

每一个球员都有故事

实际上，"NBA球星中国行"每年夏天都会举行。这项由耐克、阿迪达斯主导的活动已经有近10年的历史。最开始，这些球星每到一地都会引来球迷的疯狂追捧，自然也带来产品销售的增长。中国品牌匹克更将"NBA球星中国行"做到了极致，有一段时间，匹克签约的三四位球星穿梭在中国各大城市。但近几年，这种活动已经到了瓶颈期。

而且，这个夏天更有所不同。由于巴西世界杯的举行，所有关注都被足球吸引了过去。品牌商们必须想出一个与众不同的玩法，以吸引越来越挑剔的年轻受众。

"过去在舞台中央，球星是唯一的明星，但现在这些草根选手跟球星一样（可以）成为明星。"黄湘燕说，篮球网络真人秀是篮球版的《中国好声音》，它让更多喜欢篮球的草根选手拥有了一个展现自己的舞台。

为了让《打出名堂》活动获得更深的意义以及传播价值，精通营销的耐克将启动日期定在了2014年6月27日。这是NBA的选秀日，每年都有超过60名新人被挑选进入NBA，开启他们的梦想之旅。耐克选择在这一天启动《打出名堂》，显然也希望与选秀更多地结合起来。这个活动包括海选、晋级、决战等环节。决战于8月16日在北京五棵松举行，3位年轻球员脱颖而出前往西班牙——他们也被视为"状元"。

另外，为了让这个活动更引人关注，在美国发布杜兰特7代战靴时，耐克邀请了一些国内媒体前往跟踪报道。此后有媒体这样写道："为了帮助青少年们提升运动表现，今年夏天，耐克篮球还推出了两款性能卓越的篮球鞋——KD7和Nike Hyperdunk 2014。"

不过，尽管耐克做了精心准备，但在世界杯席卷一切的强势吸引力下，还是遭遇了诸多挑战。要知道，从6月27日到7月25日的报名日期内，大部分人的注意力都在世界杯上。

于是，耐克发动了最基层的教练们，让他们去鼓动身边的年轻选手报名参赛。"前半段我们做得有点辛苦，因为世界杯夺去了太多的注意力，7月25日后面还有很多人提交申请，但是我们来不及了。"黄湘燕说，这次大赛最后收集到了3700个申请，"还有一些是后续寄过来的，但是就没办法了。"

这些选手最大的特色是：除了球技出众之外，他们都有一个与篮球有关的故事。比如，来自香港的33岁选手左柏豪，26岁时查出患有巨人症，离开了香港田径队。他做了并不彻底的手术，之后一直吃药。这种局面直到他找到一份较好的工作才改变。2014年2月他又做了手术，效果要到9月才知道。"让女儿知道她爸爸有多坚强。"女儿已经7个月大的左柏豪说，他通过篮球理解了生命更深的意义。

类似的故事比比皆是。这些故事通过新媒体的传播，更带来了高点击率。比如，耐克第一集《征召》视频，仅在腾讯视频上就有近570万的点击率。

"如果只是找一个故事来夺眼球的话，我觉得耐克比较不倾向于那个样子。因为到最后它还是要上场，它还是要跟小朋友打球，它还是要表现它的领导欲，表现它的团队精神。所以老实说，它还是比歌唱节目来得更真实一点。"黄湘燕点明了《打出名堂》跟其他选秀节目的不同之处。

事实上启动活动当天，在耐克官方微信和微博上，同时上线了一些篮球技巧训练，比如，二打一、投篮训练、运球技巧训练、变向及胯下运球和背后及转身运球。这些训练内容是由原中国男篮主教练王非定制的，耐克希望更多喜欢篮球的年轻人加强篮球基本功。

最终，3700名选手经历海选、晋级等，在王非、易建联、詹姆斯等人的挑选下，有30名选手获得了跟科比训练的机会。

"我一直期待有一个篮球与娱乐结合的选秀节目，让更多人喜欢篮球这项运动。"陈建州说。他曾经是篮球运动员，后从事主持等工作。

接受科比的训练

江湾体育馆内，30名选手的照片挂在了球场一侧的上方，照片下面写着一行字："篮球不问出处打出名堂"。灯光的映衬，以及球场LED不断变换的图案，使这里看上去更像是一个演唱会现场，30位选手都有机会成为幸运的主角。

科比对这脱颖而出的30名学员进行了特训，然后和他们进行了5对5的训练赛。他满头大汗地在两个半场跑来跑去，最终挑选出3位表现突出的球员进行1对1挑战。在挑战中，来自西安工业大学的10号李观洋输了，要接受在1分钟内在底线横向往返17次的惩罚。

经历过诸多大场面的科比却对这个故事进行了另一番演绎：如果有队员愿意挑战投篮并投进，就可以免去李观洋的惩罚。最终23号赖竹信将球投进。而科比则脱下脚上的球鞋，签名后送给李观洋，并一再提醒他："多练练你的左手。"

"中国没有几个人得到他的指点，这已经是对我从小到大的训练最大的鼓励了。"获得签名球鞋的李观洋说，当科比脱下球鞋的时候，他最想把它拿给他父母看。他感慨了一下说："哇，真的。"

"从小到大父母看重的都是学习成绩，我确实对篮球特别痴迷，这会影响学习，我爸妈希望我找一份特别稳定的工作。"他有些哽咽："我所有的付出都值了。"

"这对这些年轻小孩来说是一辈子的激励。"黄湘燕整个晚上都一直站着，已经在耐克工作14年的她说："没有人会觉得这个活动不成功。"

现场最吸引人眼球的是LED铺设的球场，它被命名为"黑曼巴球场"。这是全球第一块电子屏篮球场。大约两年前，德国已经出现类似的LED篮球场，但却只是简单地将圈和线在场上投影出来，而这次是将一切训练时间和路线都植入其中，可以更好地帮助球员进行训练（可量化）。

"我们本想明年再尝试新的球场，但担心这样会落后消费者。"Yuron White说，耐克通过创新来诠释何为"流行"。

一个例子是，2012年耐克为伦敦奥运会运动员设计了Flyknit跑鞋，但后来在一些时装周上，很多人都穿这款鞋出现。为此，在美国《快公司》杂志的评选中，耐克因为新的鞋面技术Flyknit及运动数字化产品Nike+Fuelband腕带，成为当年最具创新的公司。

"耐克永远都是功能在前，时尚在后。"黄湘燕说，创新与时尚是相辅相成的。在她看来，创新自然会带动时尚的部分，而消费者是非常欣赏创新的。所以耐克不会为了流行而设计流行。"对于我们来讲，都是功能走在前面，创新走在前面，它自然就会创造那个流行。这是一个很有趣的事情。"黄湘燕说。

当然，现在创新的难度越来越大，因为年轻人都是移动互联网一代，他们的视角与审美都是全球化的。黄湘燕庆幸，耐克是一家国际公司，可以向英国、美国等国外公司学习。"无论是一个多么创新的想法，耐克总是首先尝试，它是要引导这个行业，引导体育产业的发展。"黄湘燕说，启用这块LED球场他们有过犹豫，"最后我们倾尽全力，今年一定要有一个新的尝试。"

幸运的是，第二天上午，《财经天下》周刊记者与近20个媒体人一起体验了这个LED篮球场。8月1日上午，记者们被分成7组，每3个人一组（最后一组两人）。在教练曲洪瑶的带领下，记者们首先进行了热身训练。

热身结束，每个人在双臂戴上感应器，然后进行横向、纵向、再横向以及返回的训练。这个过程，最快的速度是9秒多，最慢的是13秒多。但是，至少有四分之一的记者在做横向或纵向的时候出现了错误——大部分人只迷恋速度。

"慢点，慢点，再慢点。"在随后的训练中，科比对年轻队员强调，"正确比快速重要"。

在球场上，科比指导每一个球员，提醒最多的就是慢下来，做对每一个动作，而不是快速冲刺——尽管这块球场会记录他们训练的速度。

此后，科比带领大家进行他平日的训练，比如冲刺跑、后退跑、横向滑步、回转运动，以及在7个固定点投篮，并跑向篮下接球，命中之后才能移到下一个点，最短时间内完成训练任务等。

"防守，防守，防守！"科比甚至在对抗训练时大声叫道。

⠿ 让运动成为主流价值观

科比在中国只能停留5天，耐克一年365天推广篮球的计划必须寻找新的资源。在海选中，耐克工作人员问年轻的选手们中国篮球文化是什么时，他们提到最多的一个人是吴悠。

这位身高1米74的北京人，有着"中国街球王"的美誉，在众多年轻人心目中的地位不同寻常。吴悠21岁完成第一次扣篮，23岁开始创办全国街球赛事。能够跟吴悠打一场比赛或者一起训练是他们的梦想——同科比那样的球星相比，吴悠是他们可以模仿的对象。

"他们觉得他是没办法成为姚明、易建联时的另外一种选择。"黄湘燕说，所以在8月16日北京总决赛时，耐克安排这些选手跟吴悠及他的街球队打一场比赛。

在黄湘燕看来，这样做的最大意义是找到属于中国文化的东西。它属于草根文化，但中国的篮球文化极有可能就是这个样子。

"科比可能是一个很好的选择，但是如果在各个球场上有一些吴悠这样的人物，我们不一定非得等到这个时候（才举办活动）。"黄湘燕说，这些"本地英雄"更有利于推广篮球文化。

在耐克处于实习期的曲洪瑶，是这次篮球网络真人秀的教练。1米88的她，有"美国NCAA女篮大学联赛中国第一人"之称。2007年夏天，她进入密西西比河西岸路易斯安那百年学院，此后身披52号球衣代表校队征战了4个赛季的NCAA女篮联赛。

"有不少人知道我是打NCAA的，"曲洪瑶说，"现在大家对运动的理解开始发生变化，篮球确实能带来很多快乐。"

曲洪瑶希望参加篮球运动的人像跑步一样多，大家都能感受到篮球的魅力和它带来的与众不同的体验。

不过黄湘燕也提到，上海江湾体育馆的2800个座位远远不够，不能让更多的人感受到篮球的力量。"有一点可惜。跟跑步运动比较不一样的是，跑步参与的人数可以再多一点点，一个活动，可以五千、七千、一万、两万……昨天（7月31日）那个活动只能选30位。"黄湘燕有些遗憾地说。

但她也强调，耐克希望年轻人参加篮球活动。"（我们考虑的是）怎么样花最大的力气改变大家对运动的看法。当运动是流行的价值观的时候，小朋友们或者爸爸、妈妈自然就会把它看作一件重要的事情。"

让运动成为一种主流价值观这个目标还很遥远，耐克必须对不完美的结果做好心理准备。一个多月前，在世界杯赛场上，耐克同样收获了不完美。他们赞助的球队全都没能进入决赛，巴西队还在半决赛中以1比7惨败于阿迪达斯赞助的德国队。

赛后，耐克迅速推出了一支视频《明日从现在开始》，为沮丧的巴西球迷鼓劲，同时也给自己加油。在视频中，耐克刻意回避了巴西球迷伤心的画面，而将目光转向了2016里约热内卢奥运会。耐克在传递一种体育精神：输赢不是唯一，即使失败也要继续向前。

至于科比，在度过一个失意的赛季后，他正在重返球场，准备新赛季打出名堂。在采访中，科比说出了下赛季的目标："冠军。我从来没有想过最低目标，根本没有这个选项。当你认准了这个目标，每天你做的事情就是为了它。"

在中国，为什么优衣库赢

无论是扩张速度还是市场份额，优衣库在中国都均领先于ZARA、H&M、GAP等竞争对手，而"定位中产、服水土、识大局"则是这家来自日本的快时尚品牌的成功秘诀。

《财经天下》/卢隽婷　唐晓园

在深圳华强北茂业百货的优衣库门店，上岗不到三个月的黄静没有想到，自己刚刚接待过的那位询问衬衫款式的顾客，就是前来暗访的大中华区老板潘宁。

"比想象中亲切，很年轻。"这是她对这位低调的46岁优衣库中国掌舵人的第一印象。

黄静本以为自己会和大部分零售行业的店员一样，一辈子见不到大老板的面。毕竟，作为迅销集团全球高级执行副总裁、优衣库大中华区CEO，潘宁手下管理的员工数量超过1.6万人。黄静更没想到，自己很快会在一次培训上再次见到潘宁，而此后几乎是每两个月见面一次。

在潘宁的领导下，一个非比寻常的、高效的优衣库开店计划正在中国市场进行着。

　　截至目前，优衣库在中国有超过260家门店，遍布50多个城市，占品牌所有海外门店数量的一半以上，扩张速度和店铺总数超越了并称为中国快时尚三驾马车的ZARA、H&M以及老牌快时尚品牌GAP。

　　过去一年里，这家公司在经济低迷期逆市增长，达到了历年经营的巅峰状态。仅2013年8月31日当天，全国有11家优衣库新店同时开张；营业面积超过6000平方米的优衣库最大、最新全球旗舰店——UNIQLO SHANGHAI（优衣库上海）开业当天创造了淮海路服饰品牌的单日销售新纪录；2013年淘宝双十一购物节中，优衣库跻身亿元俱乐部，创造了超过1.21亿元的销售奇迹，成为天猫排名第六的单一品牌。

　　在接受《财经天下》周刊专访前，潘宁刚刚出现在优衣库北方市场的经营层沟通会上，回答了关于"如何降低店员流失率"的问题。和黄静一样来自各大高校的150名应届毕业生作为未来店长参加了这次会议。这是潘宁第六个年头这么做了。每个月，他和他的副总都要分别赶赴全国，负责两场这样直接面对一线员工的交流活动。

　　2013年，优衣库在中国新开店铺82家，招聘未来店长470人。按照每年新开80至100家店铺的速度，优衣库2014年招聘530名黄静这样的未来店长，而潘宁将直接负责他们每一个人的最终面试。

　　他的这一做法延续了优衣库品牌创始人柳井正的传统。1995年，硕士毕业的潘宁从东京跑到日本山口县，应聘优衣库的店长候补，面试录用他、每个月为他答疑解惑的正是柳井正本人。

　　这位个子瘦小、灰白板寸的日本企业家有一句名言："不会游泳的人，就让他们沉下去好了。"但在2008年金融危机中，柳井正的个人财富非但没有缩水，反而借助优衣库的逆势增长一跃成为蝉联数年的日本首富。64岁的柳井正近几年常说的一句话是："优衣库的成功有一半要归功中国市场。"

优衣库的母公司——亚太地区最大服饰零售商迅销有限公司2013财年财报显示，迅销集团全球总营业额超过100亿美元，已成为全球第四大服装零售企业。在2013年9月至2014年2月的中期业绩报告中，迅销集团再次创下历史纪录——公司销售净额7643亿日元（约合467亿元人民币），较上年同期增长24.3%。迅销公司称，销售净额的增长主要得益于优衣库海外的强劲业绩，其中中国区的销售对集团总销售额的增长贡献最大。到目前为止，优衣库每年有6亿件商品产自中国内地，优衣库75%的供应商来自中国，每天有超过80万的中国人在为优衣库工作。

今天，中国已经成为优衣库最大的海外市场。2014年3月5日，迅销有限公司正式在香港上市。这是迅销继1994年在日本上市之后，首次在海外市场上市。迅销首席财务官冈崎健称，上市的主要原因，是为了在经济蓬勃发展的大中华及东南亚地区，提高迅销集团、优衣库及旗下各品牌的知名度。

⋮⋮ 定位中产，告别滑铁卢

但优衣库在中国市场的开头却并不美妙。

张春燕现在是优衣库的忠实粉丝。她觉得今天优衣库的店铺与过去相比发生了翻天覆地的变化，"那时候感觉就像个卖便宜货的大卖场"。

优衣库一度在中国遭遇水土不服。2002年，优衣库进驻上海，比H&M与ZARA提早了整整四年多；2005年优衣库进驻北京，因为亏损，不到一年就撤出了北京市场——在潘宁2005年底接管中国市场时，这家日本公司在大陆的9家门店无一盈利。

柳井正写过一本《一胜九败》，书名简直就像优衣库在中国经历过的错误集。

"我花了几个月的时间去说服他们（总部），"潘宁对《财经天下》周刊回忆道，"大家知道优衣库强调改变常识，但是毕竟对中国市场的理解还是有局限性的，用国外的思路去做肯定是有问题的。非常幸运的是，我是中国人，理解中国的市场。"

潘宁提出，优衣库在中国将针对的顾客群定位在中产阶级，这让日本方面大吃一惊：从来没有人挑战优衣库"Made For All"（面对所有人）的口号。"他们没有想到，中产阶级的概念在两个国家是不同的，日本社会的'所有人'其实在中国来看，都是中产以上。"

最早的上海优衣库门店延续日本创业时"郊外店"的传统，将店铺设置在价位便宜的地段，店铺陈设也较为简单，小的店铺只有60平方米。加上在高关税的压力下，为保持在日本的低价定位，中国市场的产品面料全部改过标准——产品品质与日本市场差距明显。更糟糕的是，优衣库还陷入与其他休闲服品牌价格战的泥潭。

"如果我们面对所有人，就必然会导致我们和佐丹奴等一些本地品牌去竞争，跟本地品牌去竞争的话，我们本身的价值就不能最大化地发挥出来，因为我们是国际化的品牌，"潘宁对《财经天下》周刊反思道，"所以从这个观点去切入，我把优衣库的定位确立在了超越这些品牌的领域。"

潘宁用实际行动去说服日本总部接受他"面向中产"的定位调整。在接手整个中国内地市场之前，他所创造的"香港模式"已经让日本惊讶。在香港，尽管优衣库定位在中产，价位也比日本市场贵，但毛利率却比日本市场要高。

2005年，潘宁又提出"不要采用中国风格，而要建立与日本相同的门店"，将商品和销售改为了日本风格，在保证产品质量的前提下，进行价位调整。

"现在我们在中国大陆卖的还是比日本贵10%至15%，这是考虑到中国的关税等成本。但我们并不是单一地去提价，而是让这个提价在可以接受的范围内。怎么让消费者接受？就是让他有最大的满足感，通过购物体验去感受。"潘宁对《财经天下》周刊说。

2006年，优衣库在被评为中国最佳Shopping Mall的上海港汇广场开出一家1000平方米的店铺，向顾客承诺：凡是在伦敦和东京优衣库店能买到的商品在这里都能买到，每周上新。这家拥有昂贵吊灯、在装修上"花了大钱"的店铺传达出清晰的品牌个性。抛弃了大众路线的优衣库，开始以一个来自比邻发达国家的姿态向中国新兴的中产阶级传递出一个比低价更具吸引力的信号：有品质的生活应该是这样的。2008年，优衣库带着与全球创意人士合作推出的UT系列重返失利的北京市场，并获得了时尚人群的欢迎。

这一系列的做法使优衣库的品牌形象产生了巨大变化。"优衣库最初的成功，主要得益于廉价的中国制造，并在日本市场打赢了价格战。"零售行业数据分析师杨钦说。

尽管中国的人均收入与日本相差十倍，但是经过近30年的高速发展，在发展中国家里仍然最快出现了发达国家遭遇的社会问题，如人口老龄化、经济增长减缓等。UTA时尚管理集团中国区总裁杨大筠认为："经济的持续低迷，使得中国人的消费需求也产生了结构性的改变，富裕人群对奢侈品的需求减少了，转而追求性价比更高的商品；35岁以下的年轻人群已经在逐渐取代原先较年长的消费主力，他们的消费观念非常不一样，不会因为经济低迷或者收入减少就停止消费。这对中国快时尚市场的发展起到了很大的作用。"

⁚⁚⁚ 独一无二的门店

下了班，黄静也曾去附近的ZARA逛过。"没有这么快的节奏，悠闲得多，不像优衣库，每个人都是一路小跑，一边叠衣服，一边看到客人就要高喊'欢迎光临'，一挑选衣服就要递上购物篮，根本停不下来。"

黄静在优衣库的岗位叫做"店经理储备干部"，直接从大学应届毕业生中招收，进入一线门店学习如何成为优衣库的未来店长。在定期接受"优衣库大学"的培训之前，他们要做的事和普通店员一样：扫地、叠衣服、擦玻璃，学习如何面带微笑，对客户说"欢迎光临"。

为训练员工学会微笑，优衣库有一项著名的"咬筷子"练习：让一名员工咬住筷子，用纸遮住眼睛，让其他员工观察体会，从而让员工们意识到如果没有眼睛的微笑，单是嘴做出微笑的形状，对顾客而言是没有亲和力的。

在同类的服装零售行业中，优衣库的工作是出了名的辛苦：叠一件衣服要在70秒内；收银的速度是掐秒表计算的；每一家优衣库门店的店长，每半年都必须在全国范围内调动一次工作地点。日本企业的严谨在这里得到了淋漓尽致的体现。"每天的排班表上，可以看到每15分钟要求你具体做哪件事情。"作为未来店长，黄静曾经制定过这样的排班表，在一个拥有40名员工的店，把所有人的工作班表排完，需要一个多小时。一些因为不堪压力而离开优衣库的门店员工把这里叫做"魔鬼训练营"。

但优衣库的干部及店员在零售行业却备受青睐，经常遭到其他品牌的"挖角"。黄静就曾收到过ZARA、GAP和苹果公司的电话。

　　一般而言，优衣库会在已经成熟的一家门店配备3名这样的"储备干部"，为每年急速扩张的近百家新开门店输送新鲜血液。黄静和她的同事们在门店学到的，不仅仅是按部就班的体力工作。作为柳井正"经营者"思想传道士的潘宁对《财经天下》周刊一再强调："店长就是经营者。"即使是优衣库一家最小的店铺，一年的销售额也超过2000万元人民币，旗舰店则高达几亿元，配置四五百名员工，"这样大的规模，店长跟一家企业的老板有什么不同呢？没有什么不同。"

　　优衣库不是"总部决定，分店服从"的传统连锁店模式，它的店长被赋予了极大的权力：可以自行决定和调整订货量、商品陈列、店铺运营方式、广告宣传单的内容等。

　　叠衣服不仅仅是叠衣服。"观察你所卖的商品，在叠衣服的同时注意到哪一款、哪个尺码、哪个颜色好卖，我们叫SKU，也就是最小的管理单位。"潘宁说，"你的存货跟出货是不是正常的比例关系，如果不是的话，就要修改销售计划。除了观察什么好卖，还要观察什么不好卖，这也是非常关键的，因为这将直接影响到最终会不会成为不良库存。"

　　和许多中国本土服装品牌不同，优衣库在中国开设的全部是直营店，摒弃了代理商、经销商等中间环节，彻底实施低成本经营，这就是典型的品牌专业零售商经营模式（SPA）。尽管在每年扩张80至100家店的前提下，这种做法会带来很多挑战，但是却让优衣库赢得了市场反应的速度。

　　它的速度有多快？一个例子是，每当门店有滞销品时，店长便会向总部要求申请变价。当天提案，下午就能收到反馈，第二天就可以以变更后的价格进行销售。一个数字是，优衣库的客户中心每年收到的顾客意见、反馈大约7万个。优衣库会根据这些来自消费者的建议不断进行产品改良和开发，如增加某些型号、颜色或功能。

这让潘宁无暇在业务之外的公众场合露面或接受采访，使得这位优衣库中国的幕后掌舵人愈发显得低调、神秘。"我几乎不在外面讲话或者参加论坛，我需要更多的时间亲自去带队分析这些一线得来的数据，亲自去研究怎么在卖场当中去做出最好的销售。"潘宁说。

一位优衣库的前员工对《财经天下》周刊透露，优衣库每次周会，都会讨论每个部门要放多少货架，提前确定好什么时候卖完，然后下周按照上一周的销量预估商品还有几周能卖完。优衣库可以保证每周进行全国范围内所有店铺的统一价格变动，每次变动不低于全部产品的20%。

归根究底，优衣库的核心竞争力正是以商品企划为核心的终端销售能力。

资深时尚零售人士、上海睿雍企业投资管理有限公司总经理沈均认为，潘宁的本地化策略中最重要的是发挥了原本被低价折损的优衣库最大的武器：性价比和服务。与ZARA、H&M等快时尚品牌相比，优衣库的服装质量被认为是最好的。另一方面，在中国内地的消费者还没有接受到真正良好服务的时候，在服务中强化原汁原味的日式服务，这让顾客大吃一惊，从而对品牌另眼相看。

⠿ 差异化竞争

尽管一直被与ZARA、H&M相提并论，但优衣库始终不认同被外界贴上的"快时尚"标签。

在优衣库研究第一人、日本资深营销专家月泉博看来，H&M、Forever 21等品牌的"购买动机"几乎只有一条，那就是"短时间的时髦"。而优衣库的需求还多了"日常生活"这一层，因此，优衣库能利用大环境的"劣势"创造出对自己有利的局面，让市场规模呈几何级数扩大。

从1984年问世以来，优衣库是日本经济泡沫破灭后经济持续缩水的产物，日本年轻人热衷于购买优衣库这样的廉价服装，就与他们在经济全盛时期喜爱购买路易威登这样的品牌一样。

这种发家背景形成了优衣库在产品上和其他快时尚品牌的区别：橱窗式的呈现方式、节约成本的摆放以及更为平实的价格，让它与ZARA、H&M这类品牌相比更像是批发形式的服装超市。

潘宁认为，优衣库有两方面的性格，"一方面是生活必需品，一方面涉足于时尚，两者兼顾就给优衣库带来一个非常强的号召力，既可以吸引到一部分时尚人群，也可以更多吸引到普通的消费者，无疑我们的成功和将来进一步的拓展是立足于以上的两个方面。"他对《财经天下》周刊说。

在"Hermann中国零售微博"博主吴子恒眼中，优衣库走的是一条与欧美快时尚品牌完全不同的海外扩张路线。在日本本土经济规模逐渐缩小的背景下，要直面日益激烈的全球竞争，柳井正推行的是重视海外市场超过本土的"世界战略"，尤其是选择首先把文化相近的中国市场做好。

"而对于ZARA来说，中国只是一个重要的海外市场，但绝不至于撼动欧美市场大本营的地位，因此他们对中国市场的重视程度显然没有优衣库高。"吴子恒说，"与优衣库99%的比例相比，ZARA团队本土化也不彻底，对中国市场的理解和采取的对应措施也没有那么到位。"

作为优衣库的忠粉，张春燕观察到，中国内地的优衣库和日本、中国香港等地不同，采用的全部都是中国人熟悉的本土明星代言。他们大多形象健康、气质邻家，像孙俪、高圆圆、陈坤；海报上简洁利落，甚至没有代言人的名字，弱化他们的明星特征，强调他们作为优衣库的一个普通模特。

文化差异有多重要？一个简单的例子，在香港市场，潘宁在挂POP店招时，印的是日文。"这是因为香港的主力消费层是从小看日本动漫、玩日本玩具长大的，所以我想要把来自于日本的附加价值最大化，但是在中国内地，因为国民感情及制度规定，就不能这么做。"潘宁对《财经天下》周刊说，在中国内地，优衣库要寻找的是"跨越国界的价值"。

资深时尚零售人士沈均注意到，在所有的消费者接触点上，优衣库传递出的都是亲民的信号。在H&M、ZARA打出30% Off的时候，优衣库所有的打折都是明码标价，比如49元、99元，一眼就能看懂，符合中国人的消费习惯。"真正的时尚不是在离众人很高的地方，能被大家津津乐道的才是时尚，不能转化为商业价值的快时尚等于零。"

在柳井正看来，商品本身并不具有多大的吸引力，决定购买的关键是商品的形象或者各种信息的价值，"不断向外主动发送信息"才是今后服装销售的要点。所以他认为"服装就是信息"。

优衣库上海的全球旗舰店内，一排牛仔裤货架上方的广告牌上写着："使用了珍贵稀有的原色单宁布……伴随日常穿着而自然形成的毛糙、褶皱以及褪色，让每一条牛仔裤都独一无二。"这样的店内广告比比皆是。

与ZARA、H&M这样的典型快时尚品牌相比，时尚和设计感并不是优衣库的强项，但后者却懂得在做好基本款的基础上，将面料开发和功能开发作为优衣库引领时尚的营销卖点。比如，可以"收纳到口袋中便于携带"的轻型羽绒服，能够吸湿发热的Heattech内衣。

现在，在优衣库亲自抓市场营销的潘宁想为"时尚"正名。"很多人说优衣库不是时尚的，"潘宁对《财经天下》周刊说，"但我觉得优衣库是一种独特的时尚。传统的概念认为便宜的、休闲的就不时尚，其实不是。我们推崇的是时尚的搭配，可以和优衣库搭配，也可以和其他品牌搭配。"

柳井正曾经经历过"衣服因低价热销，但人们买回去之后立即把商标剪掉"的难堪，但如今的优衣库却大方地顺水推舟，成为了一个衣服上没有Logo的品牌，并主动将之塑造成一种时尚，向外界传达这样的信息：CHANEL的外套搭配优衣库的衬衫，没问题。

和中国城市一起发展

如今的优衣库，已不是当年柳井正面试潘宁时的"乡镇企业"了，它在纽约、巴黎最时尚的地段与大牌奢侈品比邻开出了超级店铺，在上海有全球最大的旗舰店。

"最好的地方要有最佳位置的店，这是旗舰店的策略。但我们不可能完全靠旗舰店来打造整体的销售，"潘宁对《财经天下》周刊坦言，"起到一定的号召力后，通过下沉渠道获取更多的客源，这是我们要做到的。"

事实上，到2020年，潘宁的目标是在中国开到1000家店铺以上，成为国内市场销售规模最大的服饰零售品牌。"2014年是非常关键的年度，我们所剩的时间还有6年。"

目前，优衣库的260多家店铺中，有超过100家分布在北上广深这四个主要城市。但2014年起，优衣库将迅速进入到二线、三线城市。"在一个大城市里我们会继续深挖。现在上海有46家店，但在东京有98家，那上海有没有可能做到这一点呢？完全有可能。"

在面向全国开店之后，优衣库过去基于大城市运作、以上海为主的华东销售所累积的经验无疑将受到挑战。"他们的产品喜好会不同，还有一些我们主打商品的销售周期是不同的，可能8月份开始，东北市场秋冬主打商品已经销售很好了，但是到了华东地区，高峰期是11月开始，开始的时候东北地区已经结束了，像这种市场的反馈以往来说是没有经历过的。"潘宁坦言。

优衣库的野心不止于此。中国正在施行的农村城镇化，将导致未来更多的城市出现。"现在中国可称为城市的有661个，其中50多个有我们的店，相信我们的成长空间还是非常大的。"

城市本身也在不断地成长，和东京一样，在中国的大城市，郊县的居住人口将会越来越多。潘宁希望更多的消费者能够在自己家的附近或者非常便利的地方看到优衣库的存在。未来优衣库的门店将不仅存在于市中心，和东京一样面向大众的社区店将在城市中遍地开花。

这样的计划已经在进行中。与具有住宅开发背景的商业地产开发商合作，正给优衣库带来新的机遇。潘宁透露，优衣库正在一些传统的社区型商业设施里寻找适合发展的空间。

"未来还是要面向所有人。"潘宁对《财经天下》周刊指出，中国正在经历一个转型。"在2005年时我指出要面对中产阶级，看到的不仅仅是当时1.5亿的人群，更多的是期待未来几年里面，这群人会成长到3亿、4亿甚至5亿，而现在这已经成为了一股真实的潮流。"

在中国，越来越多的人加入不断壮大的"中产阶级"潮流，或者说，"大众"的整体消费水平正在提高。这让优衣库对于重新实践"Made For All"的品牌理念充满信心。

从定位中产到回归大众，潘宁一直在摸索着适合中国市场的独特策略。

"没有什么是未知的，只有我们现在做到和还没做到的事。"潘宁说。

加多宝：比可口可乐更流行的秘密

从2007年到2013年，加多宝连续7年在中国市场上打败世界饮料巨头可口可乐，成为罐装饮料里销量最大的品牌。从田间到车间再到货架，"中国饮料第一罐"是如何被打造的？

《财经天下》/陈　默

长达半个世纪里，可口可乐和百事可乐这两大饮料巨头在全球市场上你追我赶、针锋相对，一个在西半球占领先机，另一个就一定会在东半球补回来。数十年的鏖战也让这两大可乐成为商业竞争研究里的经典案例。以至于提到可口可乐，人们就一定会想到，它的死敌是百事可乐。

然而，这一局面在中国出现了例外。一个民族品牌连续7年在罐装饮料领域打败了可口可乐，并成为了后者不可忽视的强劲对手，也改写了中国快速消费品市场里外资独大的局面。这个品牌叫加多宝。

⠿ 烙印"加多宝"

现在，提到"加多宝"，恐怕没有一个中国人不知道了。这在一年前还是不可想象的事。2013年的4月，加多宝集团正在准备着在全国用"加多宝"的字样替换所有原有包装，将这个"初生的婴儿"捧到消费者面前。"过去这一年里，我们最大的成就就是打响了'加多宝'这个品牌。"加多宝集团品牌营销总经理王月贵说。回忆起一年前，他感慨万千。用十多年打造一个品牌，在瞬间把它摧毁，再仅用一年的时间又树立起一个新的品牌，这在商业世界里几乎是唯一的成功案例，对他个人来说也是最独特的经历。

打造新品牌的过程中，《中国好声音》无疑是最关键的一役。"正宗好凉茶，正宗好声音，欢迎收看由凉茶领导品牌加多宝为您冠名的……"这句主持人念白让人印象之深，回顾中国娱乐营销历史，只有蒙牛酸酸乳《超级女声》能够与加多宝凉茶《中国好声音》媲美。

营销专家何慕说："到今天还有企业老总叹息，我怎么就没抢到《中国好声音》这个机会？"外界通常认为加多宝是"押对了宝"，但在"中国好声音营销"的直接操盘者王月贵看来，企业做品牌单靠运气是远远不够的，运营品牌的能力并非一朝一夕就能够炼成的。

加多宝与《中国好声音》的合作，决策过程虽然复杂、综合，但决策速度却非常快，最终敲定是在几天之内完成的。在外部竞争环境激烈的情况下，这考验的就是加多宝营销团队的判断力和执行力。这种判断力和执行力被王月贵称之为营销的"基本面"，即企业内部要有一个在多次危机和机会面前打磨出来的运行机制，包括对各种媒介的熟悉程度、对话题走向的精准判断、对消费需求的敏锐观察，等等。

比如，加多宝一直以来都是央视和各大卫视的广告大户，后者尤以浙江卫视、湖南卫视、江苏卫视和安徽卫视为重。"我们需要在强势的电视媒体里长期有品牌的曝光，我们称之为'卡位'。"王月贵说。在常规广告投放之外，加多宝也在五花八门的娱乐、选秀电视节目中寻找"潜力股"。加多宝与浙江卫视一直保持着常规沟通，以至于浙江卫视确定《中国好声音》这个节目的立项后，就联系了加多宝。

品牌营销的"基本面"贯穿在加多宝的发展历史上，它甚至是开创凉茶这个细分市场的最核心原因。饮料市场被果汁、碳酸饮料、茶饮料等大品种瓜分的局面在2002年之后逐渐发生了变化，因为这一年里加多宝集团发掘出了消费者对饮料的一个细微诉求——预防上火。2002年前后，通过大量的市场调研，加多宝发现在两广、浙南以外的地区，讲健康的概念，很难打开凉茶的市场。对于当时销售额仅一个多亿的加多宝集团而言，如何打破地域限制成为接下来扩张的最关键之处。加多宝开始研究，在消费者头脑中红罐凉茶和其他饮料或者凉茶之间到底存在什么差异，从而确定导致他们坚持选择红罐加多宝的原因。

在研究中发现，广东的消费者饮用红罐加多宝主要在烧烤、登山等场合。其原因不外乎"吃烧烤容易上火，喝一罐先预防一下""可能会上火，但这时候没有必要吃牛黄解毒片"。而在浙南，饮用场合主要集中在"外出就餐、聚会、家庭"。在对当地饮食文化的了解过程中，研究人员发现，该地区消费者对于"上火"的担忧比广东有过之而无不及，如消费者座谈会桌上的话梅蜜饯、可口可乐都被说成了"会上火"的危险品而无人问津。而他们对红罐凉茶的评价则是"健康，小孩老人都能喝，不会引起上火"。

这些观念可能并没有科学依据，但消费者的这些认知和购买消费行为均表明，消费者对红罐凉茶并无"治疗"要求，而是作为一个预防上火的饮料购买，购买红罐凉茶的真实动机是用于"预防上火"。

而中国几千年的中医概念"清热去火"在全国广为普及，这就使红罐加多宝突破了凉茶概念的地域局限。红罐凉茶源于王泽邦的"凉茶创始人"身份、神秘中草药配方等，显然有能力占据"预防上火的饮料"这一定位。于是，加多宝为红罐凉茶确定了推广主题——"怕上火，喝加多宝"，并于2004年开始登陆央视，进军全国。

加多宝对市场的敏锐观察一举开创了红罐凉茶这个品类，甚至影响了饮料行业的产品思路，比如近两年崛起的冰糖雪梨等产品都是延续了"清热下火"的概念。

在加多宝的营销秘笈里，还有一条明显的逻辑就是抓住每一次"大事件"。从2006年德国世界杯到2008年汶川地震和北京奥运，再到2010年广州亚运会，加多宝都是品牌精神的先锋。这些事件在王月贵看来，就和《中国好声音》一样，是必须抓住的资源性机会。每一次大事件之后，加多宝的品牌形象和销售数据都会大幅度提升。比如加多宝的销量在2008年之后的两年里就达到了历史巅峰。据外界统计数据显示，2010年加多宝销售额超过了150亿元。

"在地震、奥运会这样的大事件里的作为，是不能马上转变成业绩的，反而是后续爆发出来。"王月贵称之为"借势"。正是一次次恰到好处的"借势"，让加多宝成为品牌塑造"大师"。在短短一年时间内，加多宝凉茶这个"新品牌"的认知率已高达99.6%，成功实现了品牌转换。

渠道掌控力

17年里，加多宝让凉茶这一区域性饮料走出岭南一隅，产品遍及全国。年销量上更是缔造了10年时间从1亿到200亿的销售奇迹。如果说品牌的影响力是这一成就的先锋小分队，那么对于渠道的掌控力就是主力部队。分析人士指出，企业营销目的在于让好产品获得市场认知和良好销量，而营销不仅仅是看创意，更强调资源的整合。特别是对食品等快消品来说，提高渠道及终端覆盖程度往往至关重要。

对于消费者来说，加多宝的营销实力是有目共睹的，而在快消业界，加多宝在渠道方面的掌控与占有率则更为瞩目。据统计，2013年上半年，加多宝在凉茶行业的市场占有率达到80%以上。

"过去凉茶的饮用主要集中在两广、福建和浙南地区，但是在2003年以后，整个大环境给饮料带来了很好的发展机遇，我们借势逐步拓展全国市场。其中，要使品牌真正落地，渠道非常重要。"加多宝事业部副总经理李春林说，加多宝很早就意识到了渠道和品牌需要双管齐下。

在明确定位为预防上火的饮料之后，加多宝就制定了走出南方的市场战略，开始寻找除传统的食杂小店、批发商、超市之外能够开拓全国市场最快速的渠道。而最终，基于产品本身的特性和功能，加多宝决定以餐饮渠道为突破口。

"在餐饮渠道加多宝更是结合产品预防上火的功能，着重发力火锅店，当时在一些地区加多宝产品火锅店的覆盖率已经达到90%以上。"李春林说。从餐饮发力，统筹批发、商超等零售渠道，加多宝实现了销售终端的最大化覆盖，让加多宝无所不在，消费者触手可及。销售终端的强力覆盖带动消费者认知的同时，带动了销量提升。

餐饮渠道尤其是加多宝打入北方市场的突破口。比如，在以麻辣特色餐饮店著称的北京簋街内，85%的店内冷藏柜摆放的都是加多宝凉茶饮料。经过推广，加多宝也从火锅开始，延伸到湘菜馆、烧烤、铁板烧等餐饮，成为了很多门店、餐馆的不二选择。如今，在一些批发市场，许多饮料门店也只进加多宝凉茶，而遍布北京大街小巷的小卖部和小门店也只卖加多宝凉茶。

在北京大区，加多宝凉茶的销量从2008年至2013年翻了5倍多。在华北、华东等市场，加多宝红罐凉茶的市场份额已超过80%。在以广州、深圳为代表的南方市场持续领先的基础上，加多宝还征服了曾经令凉茶类产品胆寒的北方市场。"在大城市我们跟国际饮料品牌不相上下，但在边远市场，加多宝的渠道覆盖率绝对超过它们。"王月贵坦承。

逾一万人的业务员队伍则让加多宝开拓的渠道坚不可摧，他们就像久经沙场的战士，捍卫着加多宝在过去十多年里建立的覆盖全国的数十万个终端。加多宝对一线员工有十分成熟的培训体系。"就拿拜访客户来说，我们将其拆解为8个标准，比如打招呼、查看货品等一些略琐碎的工作，随季节的变化，培训内容也相应不同。"加多宝营销区域经理彭万能说。

销售渠道的成功拓展，最终反映在产品销量上。在2014年3月份由国家统计局中国行业企业信息发布中心举办的"第十八届全国市场销量领先品牌信息发布会"上，加多宝获得了"2013年度全国罐装饮料市场销量第一名"的称号，连续七年蝉联"中国饮料第一罐"。

在凉茶细分市场中则是"每卖出10罐凉茶，就有7罐加多宝"。

⋮⋮⋮ 一滴加多宝的构成

在快速消费品的世界里，营销和渠道是必攻之城，但仅仅有营销和渠道只能保昙花一现，好的产品才是持久制胜的根本。凉茶市场逐渐成长起来后，国内凉茶饮料品牌竞起，但良莠不齐，并且缺少相关的国家标准、行业标准、地方标准来规范。在这种现状下，加多宝却看到了机会。

源头管理是一个世界性难题，在食品安全问题频发的中国更是难上加难。包括菊花、金银花、鸡蛋花、甘草、仙草、夏枯草、布渣叶在内的"三花三草一叶"是凉茶的主要原料。由于市场上本草原料品种层出不穷，为保证原料质量符合生产的需要，防止伪品、转基因品种混入，加多宝建立了一套"公司+基地+农户"合作种植和定向采购的模式，根据本草原材料的生长习惯，在广东、山东、河南、福建、浙江、江苏、河北等地，选择水分、土壤、大气等环境条件适宜的地方建立了9个种植基地。新开发的地块，加多宝都要对其土壤条件以及土质进行检测，合格之后再通知农户种植。种植基地还设有试验田、试验区及相关专业实验室进行种苗选育、品种改良、驯化、培育、筛选等科学试验。

凉茶创始人王泽邦祖传下来的凉茶配方则是加多宝凉茶的最好背书。王泽邦第五代玄孙王健仪在多年前将祖传配方独家授权给加多宝集团，这个配料比则是加多宝凉茶口味区别于市场上其他凉茶的关键。

跟可口可乐一样，配料比是加多宝的核心机密。而配料部则是整个集团最为神秘的部门，仅由核心成员掌握着道光年间的凉茶祖制秘方。而整个部门中的79个人，需要在对配方不知情的情况下，配合配料师工作。如何既达到管控目的，又使配方比例得到保密？解决这个问题的方法在于，使用一些大家不知重量的标准物，只要称到达了水平位置，品控部即记录为合格。

生产环节所用的水也需要经过多重过滤，包括机械过滤、活性炭过滤，最后还有一道微滤以及反渗透系统，特制后的水才可以进入生产环节。

尽管本草原料和水都经过了层层筛选，但仍然只能保证为工厂附近的市场提供新鲜的凉茶产品。随着加多宝不断走向全国，乃至国际市场，原始的凉茶生产技术显然已经无法满足需求，必须走"集中生产、分散罐装"的模式。

加多宝在十余年前就想到了这一点，从2003年开始致力于研究如何使凉茶在规模化生产加工的过程中，尽可能减少其营养成分与香气的流失，留存原汁原味。这意味着，必须发明一项能够集中提取本草植物精华的生产技术，以使整个凉茶生产的工艺流程，得以在同一家工厂集中进行。经过多年的实验，斟酌与检验浓缩液留存成分，加多宝最终选定以及研发成功了低温膜浓缩技术。

2011年3月4日，加多宝清远浓缩汁厂建成投产，与凉茶口感息息相关的配料、浓缩等工序，都在清远浓缩汁厂完成。为了保证出厂凉茶浓缩汁的质量和保质期，加多宝采取了无菌灌装。事实上，整个浓缩汁的生产过程都在无菌状态下进行，车间只有几个人，并要保持不能有身体接触。如此生产出的凉茶浓缩汁，保质期可以达到一年，加多宝全国各地的灌装厂被规定需要在一年内消化这些产品。

低温膜浓缩技术颠覆了行业原有的劳动密集型生产方式，并使凉茶这一适宜于作坊式生产的传统行业，走向了规模化、工业化。"除了配料比，加多宝与其他凉茶最大的区别就在于膜浓缩技术。"清远浓缩汁工厂厂长黄毓祥说。

在清远浓缩汁厂，一辆辆车厢上载着圆柱罐体的大卡车每天从这里开出。凉茶浓缩汁被内置在密封的五层厚无菌袋中，运往全国各地和海外的罐装工厂。它们最后都化身为一个个"清凉使者"，进入千千万万消费者的家里和餐桌上。

篇

逆袭之进攻

联想多元

联想必须在保卫已有优势的同时，向新的市场发起全面进攻。

《财经天下》/朱晓培

　　"硅谷天使投资之父"Paul Graham在《黑客与画家》中指出，大公司每年平均成长约10%。也就是说，如果增长小于10%，公司就处在了下坡路上。对于一些身处传统市场的公司而言，由于市场本身已经饱和甚至下滑，即使保持份额第一的位置，也难以阻挡公司山河日下。诺基亚、惠普、戴尔等巨头的衰落已经数次验证了这一道理。

　　大公司要想保持基业长青，必须要不断地在主业之外寻找增长点。"在这个快速发展的时代，保守的企业绝不会有未来。"2015年4月14日，联想2015新财年誓师大会第一站在美国北卡罗来纳州的首府罗利举行，联想集团董事长兼CEO杨元庆对着来自全美的5000多名联想员工高喊道，"我们必须抛弃保守的战略！"

　　联想的主业PC，市场需求下滑已经成为既定的事实。全球调研机构Canalys最新报告称，2015年第一季度全球PC市场出货量为1.157亿台，同比下降7%。联想也意识到了这一点，在2012年就提出了PC+

战略，努力向利润更高、前景更广阔的移动业务和企业级市场转型。"联想的竞争对手已经不是惠普、戴尔等PC厂商，而是三星和苹果这两家手机巨头。"杨元庆曾多次表示。但在以智能手机为主的移动市场，与小米、vivo、OPPO等手机厂商相比，联想一直突破不大。

"2014年，我们完成了摩托罗拉和System X业务收购，建设创业型互联网企业神奇工场，成立联想乐基金，投资创新和技术。这些决策充分反映了联想的领导者责任意识和创业精神。"杨元庆也深知，这些举措不会让联想的目标在一夜之间成为现实。

联想必须在保卫已有优势的同时，向新的市场发起全面进攻。

在移动和企业级业务发起进攻

2014财年（2014年3月－2015年3月），联想在PC市场依旧取得了不错的成绩。虽然全球个人PC市场整体同比下降3%，但联想还是卖出了6000万台，同比增长了8%。如果仅有PC业务，8%的增长速度，显然还不够。

不过，对摩托罗拉移动和IBM x86的收购，使得联想在业务布局上有了巨大的突破。根据联想的数据，得益于对x86的收购，联想企业级业务，同样实现了50%的增长。在中国，服务器市场份额达到了21.5%。在智能手机业务，加上摩托罗拉5个月的贡献，2014年财年全球销售了7600万部，同比增长50%，成为全球第三大智能手机厂商。

"2014年，绝对是难忘的一年。"联想执行副总裁、移动业务总裁刘军说。2014年春节，因为和杨元庆在硅谷签约收购摩托罗拉移动，刘军第一次没有和父母过除夕夜。

收购Thinkpad以来，联想在个人PC产品中一直不乏"爆款"，但联想手机在推明星机型的问题上却一直表现不佳。刘军笑称，"我现在的压力更大，"但他也表示，手机最困难的时期已经过去了。完成对摩托罗拉的收购，使得联想在知识产权、全球研发能力、品牌以及运营商关系等方面都取得了突破性的进展。

在芝加哥的商业中心，1930年落成的Merchandise Mart，横跨了整整两个街区，这栋面积约6万平方米的建筑，一直保有着"全球最大建筑物"的称号。摩托罗拉目前的全球总部，就位于这座大厦的16-19层。

谷歌收购摩托罗拉之后，2013年摩托罗拉的总部迁至此地。当时，芝加哥市的市长还激动地称谷歌-摩托罗拉的到来，意味着"这里将是一个能让所有智力资产汇集和产生的地方，这将会改变游戏规则"。

然而，加入谷歌后的摩托罗拉却经历了产品线收缩、大规模的裁员，甚至退出了包括中国在内的一大批重要市场。

改变游戏规则的事，直到摩托罗拉加入联想后得以发生。"Moto X是京东上最畅销的手机。"摩托罗拉首席体验设计高级副总裁Jim Wicks说。根据京东的数据，自2015年1月26日，Moto X等产品回归中国以来，Moto X成为京东除iPhone外最畅销的中高端手机品牌。刘军也感到满意。"去年，摩托罗拉实现了90%的增长。特别是他们在正式加入联想的五个月里，各项财务指标均全面打超。"

在大本营中国，2014年运营商全面削减手机补贴，整个运营商市场出货量下降了50%，对一直重度依赖运营商渠道的联想造成了不小的挑战。"一方面在运营商市场努力挖掘更高的市场份额、更多的销量，同时利用乐檬发布这样一个契机，在年底实现了突破。"刘军说，而在海外，Lenovo手机同比增长137%。

"1亿台是特别震撼的数字。"刘军说。这是2015年MBG的销售目标，而且要实现年7500万美元的盈利。盈利并不是容易的事，仅摩托罗拉去年一年亏损了6亿美元。"收购摩托罗拉后，我们就决定把全球的制造和全球采购进行整合，节约成本。供应链团队今年计划节约成本高达5亿美金。我们必须赢。"

"我们的业务已经开始持平，而不再是下滑的状态了。"联想集团高级副总裁、企业级业务集团总裁Jay Parker介绍说，联想计划在全球设立三个企业级解决方案体验中心，包括德国斯图加特的高性能计算创新中心、计划中的北京创新中心，以及刚刚揭幕的位于美国北卡的三角研究园区体验中心。

x86虽然是基于小型机结构，主要面向中小型企业，但对大型数据并发处理能力是x86产品的优势。春节期间的微信红包产品，以及双十一阿里促销等，都曾使用x86的服务器产品。以BAT为代表的中国互联网企业已经成为x86重要的客户之一。

"在企业级的业务上，我们需要重新回到增长的通道中，我们需要在中国保持第一位的地位，除此之外，我们也希望能够把市场份额增长到25%，能在全球达到50亿元的规模，这是未来我们的目标。"联想集团总裁兼首席运营官兰奇说。

⋮⋮⋮ 互联网式创业

过去30年里，创业公司逐渐成为颠覆式创新的主要力量，而且这些创业公司的规模越来越小，速度越来越快。正如Paul所说，互联网为创业公司提供了一条天然途径，可以超越大公司。

"你说，要不要成立一家用互联网方式做业务的公司？"2014年

9月8日，中秋节，杨元庆约陈旭东、姚映佳等人一起打羽毛球时，杨元庆问陈旭东愿意不愿意去创建这样的新公司，陈旭东毫不犹豫地答应了。

随后，陈旭东在个人微博上发起了新公司征名活动，最后公司名称被定为"神奇工场"。2014年10月15日，联想集团宣布新的互联网子公司成立，陈旭东出任CEO。

2015年4月1日，神奇工场正式挂牌。神奇工场的定位很像联想一直的竞争对手小米，目标市场是移动互联领域和物联网。而这两个市场，也是创业的最热门领域。

根据陈旭东的介绍，在移动互联网方面，神奇工场正在开发一款以K9为代号的高性能智能手机。"所有的手机，没有一款让自己满意，即使是苹果，也有缺点，它不支持双卡。我内心一直想做一款让大家真正喜欢的手机，我们主打中高端的领域，每年就做一款手机，确保每一款都是精品。"而在物联网方面，神奇工场已经推出了全球首款免安装的智能路由器Newi fimini神奇版和全球最小的"智能家居控制中心"。

"神奇工场相当于要站到互联网山头往传统企业山头看，看有什么机会颠覆。"陈旭东说，神奇工场的目的是，以互联网公司的思路探索全新的业务模式，实现更彻底的互联网转型。

"你得跟公司绑在一起，自己也都要真金白银地拿出来，否则的话，做成了、做败了无所谓的，这是不行的。"杨元庆为陈旭东感到骄傲。"有的时候的变革，在内部不容易，所以你要借助一定的外力来驱动它，这个如果能够成功，我们内部就会更加容易一点能够做到，神奇工场只是开始。"

在神奇工场之前，联想也做了一些互联网转型的尝试，如推出互联网创业平台NBD（新板凳），以及发布乐基金投资策略。

其中，乐基金成立于2010年，已经投了30余个创业团队，目前归属于云服务集团。云服务集团是2014年联想架构调整之后的四大业务集团之一，贺志强担任云服务业务集团总裁，目前旗下还拥有茄子快传、乐商店、游戏中心以及乐安全等多个与互联网相关的项目。

"2014年初，我们大概有1亿用户，现在超过了4亿用户，增加了3亿用户。月活用户超过了7000万。整个互联网服务的收益年比年增长了150%，我感到非常自豪。"贺志强在联想工作了29年，他毕业进入联想时，整个公司还只有100人，今天已经超过了七八万人。

根据贺志强透露，2015年云服务业务集团将做一次大胆的尝试——引入VC，茄子快传作为独立的互联网业务发展。这更像是创业公司的做法。

"不仅是对互联网企业，对所有企业都是一样，企业边界有了很大的调整，能够扩展的边界和以前大不一样。"贺志强说，"我们今天正处于颠覆性的创新时代，诸多科技大规模的应用，让人类每天都感觉到有一种推背感，如同文艺复兴出现的作品一样，今天的颠覆性时代，有可能在人类历史的场合中留下一批真正伟大的产品。"

从产品到用户

"中国网民对我发型的兴趣之高着实会让大家吓一跳。不过，如果谈论我的发型能够进而让大家讨论联想，何乐而不为呢？"在罗利，杨元庆对着5000多名联想美国的员工拿自己的发型打趣。

一直以来，杨元庆常年不变的发型都是媒体关注的焦点，有时候甚至把它看作是大公司改革艰难的一个象征。但杨元庆对此并不为意。但是开通微博后，他发现网友最爱点评的还是他的发型，"婉转地说是文艺范，直接地说是戴了个假发"。在北京的誓师大会上，杨元庆特意提到，"今天这个发型我修整了一下。"

2014年11月，杨元庆终于开通了新浪个人认证微博并注册了Twitter、Facebook和LinkedIn账号。在罗利举行的誓师大会上，演讲结束后，杨元庆拿出了自拍杆，对着台下的员工说道："现在，我想用我的新款VIBE Shot智能手机给大家留个影。各个团队请分别起立，竖起你们的大拇指！我得拍多点，上传微博和推特，并配上文字'联想已经站稳脚跟，准备起跑，携手踏上新征程。'"

"社交媒体是企业与客户进行交流，并与客户建立联系的最佳渠道。"杨元庆与客户接触的渠道发生了变化，对客户的定义也发生了改变。他在讲话的时候，时常在"客户"和"用户"两个词中来回切换。"今天，当我们提到客户时，我们最应该想到的是终端客户，是使用我们的电脑、手机，或者从我们的乐商店下载应用的人。只有把用户定义为活生生的人，我们才会真正关注他们的喜好、重点、体验，等等。这跟从渠道伙伴了解用户的需求截然不同。"杨元庆意识到，想要赢得今天的市场，只有产品远远不够。

基于此，联想的做事风格也发生了变化。每个高管都被要求开微博、Twitter等个人账号，联想集团的各个业务部门也开通了认证的微信公众账号，根据联想的数据，仅Thinkpad的账号，就有16万名订阅者，每篇阅读量都超过了3000。

"最根本的在于，你是不是使用互联网去关注客户的需求。很多时候，企业去做一个产品，都是凭着我们专业化的推断。但今天有互联网不一样了。"联想集团副总赵泓说。

这些粉丝还参与到了联想周边产品的研发中。5月15日，联想集团举行了第三届ThinkPad粉丝大会，赵泓表示，粉丝大会展示的不仅仅是ThinkPad的产品，也有"想新工厂"中粉丝自创的产品，此外还希望有更多的设计师参与到周边产品的开发中去。在上一届粉丝大会中，台湾的粉丝吴俊逸就带来了著名的机械键盘。

赵泓表示更愿意把ThinkPad的粉丝叫做超级用户。他表示，以后ThinkPad将直接放弃产品发布会这种形态，而都将改成粉丝大会，"以前做发布会更多的是自娱自乐，但现在通过粉丝大会可以让用户参与进来互动。"

联想甚至还启用了新的LOGO。新LOGO被设计成动态的，背景颜色可以任意更换。"Never Stand Still诠释了新联想。今天的联想已不是五年前的联想，甚至与6个月前相比也不可同日而语，我们需要一个新的LOGO，能代表我们改变的新面貌。我们的新LOGO是动态的，体现着我们的组织化以及我们的勇敢和颠覆精神，它体现了我们的动感、活力和热情。"联想首席市场官David Roman说。

不过，联想的一系列转型，并不意味着PC业务地位的下降。"保护PC并不意味着无需再做努力，正相反，PC业务是我们的命脉，我们万万不能失败。"杨元庆说。

DS 重回赛道

标致雪铁龙旗下豪华品牌DS目前的最大难题，就是在全球范围内从来没有这种打造模式：在中国的市场上复兴一个品牌。

《财经天下》/周长贤　胡刘继

4月20日，2015上海国际车展媒体日第一天，DS品牌全球总裁易博丰亲自到场发布了DS全新中文口号"前卫·巴黎"，并在中国首发了DS全新LOGO。

长安标致雪铁龙公司（以下简称"长安PSA"）股东双方最高层这一天几乎悉数到齐，15人的高管队伍一起上台与DS全球形象代言人苏菲·玛索及全新DS 5合影，意在传达双方母公司对于DS在华发展的重视和肯定。

对于PSA来说，DS是被寄予厚望的高端品牌。PSA首席执行官唐唯实曾明确表示，德国汽车主要从他们旗下的高端品牌中盈利，希望DS未来能够和奥迪、奔驰以及宝马竞争并成为PSA的重要盈利来源。

但复兴一个已经沉寂了三十多年的豪华品牌并非易事，尤其是试图在中国市场复兴一个品牌，并希冀往全世界去推广，因为目前甚至很多中国人都不认识这个品牌。2014年，DS在中国市场的销量为

2.67万辆，与豪华品牌销售榜首奥迪57.5万辆的销量相比，差距相当之大。

DS中国前任销售负责人蔡建军已因业绩未达预期而"下课"。现在，尽管有了新的营销负责人、新LOGO、新口号，但DS能在中国市场走多远？

⸭ DS速度

2009年11月，中国长安汽车集团股份有限公司完成重组。时任中国长安总裁助理兼合资合作部总经理的徐骏在了解哈飞汽车与PSA合作情况时发现了一个商机：按国家相关规定，中国长安可以再增加一个合资企业。

徐骏写了一个报告给当时中国长安的总经理徐留平。获得高层允许之后，他开始筹备团队。在与PSA谈合资的过程中，徐骏又有了另一个意外发现：DS品牌。

DS曾是雪铁龙旗下一款传奇车型。1955年，DS在巴黎汽车展首次亮相，其独特的外形和超前的技术立即引起汽车行业的广泛关注，由此开始了长达20多年的辉煌。在很长一段时间里，DS系列一直是法国部长级高官们的正式座驾，包括戴高乐在内的多位法国著名人物都曾是DS系列的铁杆粉丝。20世纪70年代末，标致收购雪铁龙不久后，出于战略调整的原因，DS停产。

2009年，菲利普·瓦兰出任PSA的CEO后提出要打造一个高端品牌，DS的复兴正式进入日程。2010年，DS品牌正式回归，首款车型DS 3瞄准MINI COOPER，上市之后在欧洲市场一度热销。

与此同时，长安标致雪铁龙项目筹备组正式启动，长安集团党委组织部委派应展望与徐骏作为筹备组的中方正副组长。应展望曾参与创建长安福特、长安马自达，擅长内部运营；徐骏曾在中国北方工业集团、中国南方工业集团担任汽车部门负责人，擅长宏观规划。之后，长安集团"少壮派"代表人物蔡建军进入筹备组担任副组长。蔡建军时任长安汽车轿车事业部常务副总，曾在长安集团不同的销售管理岗位上工作，在汽车业界有良好口碑，人称"军座"。

2011年11月20日，长安标致雪铁龙正式成立。筹备组三人全都留了下来，应展望担任执行副总裁，徐骏担任分管采购的副总裁，蔡建军则扛起了DS品牌在中国发展的大旗，担任主管营销的副总裁。

2012年6月28日，首家DS STORE在南京开业。DS举行了盛大的上市庆典，宣布新世代豪华车DS正式进入中国，开售进口车DS 5、DS 4。

厉兵秣马的蔡建军终于有了用武之地。他马不停蹄地在全国范围内洽谈经销商渠道，当时的计划是在年底开设50家4S店。

次年上海车展，在欧洲创造了不菲业绩的DS 3正式发售。同年9月27日首款国产车DS 5在深圳工厂下线。2014年，连续推出2014款DS 5、国产DS 5LS、DS 6。一时间，DS在中国的发展速度令业界瞠目。

为了打造法式豪华品牌的形象，DS同时开展了一系列的跨界合作，与各个领域的高端品牌如戴高乐基金会、艺术拍卖商佳士得等携手，并投入重金赞助Elite精英模特大赛、上海时装周、上海双年展等顶级时尚艺术类活动。

"这一系列合作，强化了DS品牌的高端形象。"蔡建军说，"我们一直在尝试以多样化、立体化的营销方式，深化消费者对DS品牌精神和生活品位的认同感。"

正当以蔡建军为首的营销团队在中国市场奋战时，法国总部却发生了一系列变化，这为DS品牌注入了新的动力，但同时也带来了喧嚣与躁动。

⁞⁞⁞ 全球变阵

2014年对于重生后的DS品牌无疑是具有历史意义的一年。当年3月31日，PSA前任CEO菲利普·瓦兰卸任，曾在雷诺担任COO的唐唯实接任CEO。

上任伊始，唐唯实即公布了PSA"重回赛道"的2014年-2018年商业规划：将标致品牌定位上调，希望该品牌能够与大众乘用车展开直接竞争，意在提升PSA的盈利能力；雪铁龙继续保持面向大众市场的品牌定位，推出更多价格实惠的车型；最重要的，是将DS品牌从雪铁龙旗下独立出来，面向高档汽车消费者。

"到了瓦兰后期、唐唯实前期，PSA觉得自己有能力去PK奥迪、宝马、奔驰，所以下决心把DS完全独立出来。"徐骏说，"在PSA的历史上，DS本来就是高端豪华车，一直就是总统座驾，但是20世纪70年代停产了。瓦兰曾提出要打造一个高端品牌，唐唯实把它变成了现实。唐唯实的想法是丰田有雷克萨斯，日产有英菲尼迪，为什么PSA没有豪华车？"

事实上，DS在重生之后，一直是雪铁龙旗下的一个车系。在产品设计上，有鲜明的雪铁龙印记，品牌知名度较低。而且由于DS依附于雪铁龙，没有设立全球CEO职位，在实际工作中有诸多困扰。

"在我们强烈要求下，DS完成了严格意义上的剥离，这也是唐唯实来了以后实现的。"徐骏说，"现在PSA全球有三个独立品牌的总裁，DS品牌总裁是原雪铁龙战略总监易博丰先生。"

随着DS品牌的独立，DS中国的一系列人事变动也拉开了帷幕。2014年9月，原DS中国事业部总经理赫博调回法国总部任全球销售与市场副总裁，原雷诺大中华区执行总裁陈国章就任DS品牌中国及东南亚地区总裁兼长安PSA DS品牌总经理。

陈国章具有24年品牌汽车营销经验，曾先后在日本、北美、中国负责日产、英菲尼迪、雷诺等品牌的销售管理工作，参与过东风风神、东风日产、东风雷诺的合资谈判。在唐唯实就任PSA全球CEO后，他追随唐唯实的脚步来到了PSA。

"相比PSA旗下的其他品牌，DS最有发展潜力，而且跟我的背景比较接近，所以选择了DS。"陈国章说，早在一年多前方向确定后，他曾亲自到DS做了几次考察。

陈国章认为，DS有60年高端时尚的历史背景，曾是总统座驾，在欧洲有很多明星在用。而且，双方母公司都有大的资源投入，比起他过去做过的那些品牌更有优势。

但陈国章的挑战也不小。在PSA新的全球品牌战略下，DS定位于高档品牌，对其盈利能力有非常高的要求。按规划，2014年DS的年销目标为5万辆，4S店扩张目标为127家。这一年中国SUV市场持续火爆，但DS品牌卖得最好的车型DS 6一个月仅有1000多辆的销量，而DS 5、DS 5LS则销量更低。

2014年秋天的一个雨夜，长安PSA召集上海媒体恳谈。两杯红酒下肚后，蔡建军信誓旦旦地说，到年底销量一定达到5万辆，否则引咎辞职。

是年年底，DS品牌在中国共销售2.67万辆，实际零售量不足1.7

万辆，销售网点仅扩至70多家。两大指标均未能达到预期，长安、PSA两大股东都深感失望。聊以自慰的是，DS品牌挤进了豪华品牌年度销售量前十。

2015年初，长安PSA表示将加强对DS中国的支持，派遣章宇光、Olivier Katz到长安PSA销售公司，两人分别向PSA DS品牌中国及东南亚地区总裁陈国章汇报。同时宣布在长安PSA销售公司设置四个大区，并任命了四大区协调人。

⠿ 全新拍档

在2015年1月底的DS品牌60周年庆典上，DS品牌总经理陈国章宣布，将在今年推出"43210战略"。

但这个战略的发布没有完全得到管理层的认可。在经过修正后变为"4321"策略。长安PSA的官方最新表述为：有效经销商运营能力提升4倍；单月零售量提升3倍；市场投入效能提升2倍，即通过跨部门小组的协调合作，产生两倍的有效推广；团队、政策与综合市场战略一体化。

外界普遍认为，"4321"战略的推出意味着陈国章正式掌握了DS中国发展的主导权，相继发生的事情似乎佐证了这一判断。

3月2日，蔡建军宣布离开长安PSA副总裁、销售公司总经理职位，并发表了一封致经销商和销售公司全体员工的一封告别信，信中有依依不舍之意。蔡建军在之后给《财经天下》周刊的回复中只是表示已回到重庆，但并未透露其具体职位。据内部人士透露，他已回到集团负责售后服务工作。在4月20日上海车展的媒体发布会上，蔡建军也未现身。业内认为，蔡建军对DS品牌形象的塑造比较成功，但销量提升与经销网络扩展进展缓慢或许是其被迫"下课"的原因。

接替蔡建军销售公司总经理职位的，是他的老搭档徐骏。在《财经天下》周刊问及如何评价近3年来DS在中国的表现时，徐骏说："DS这3年的路很艰苦。DS品牌的情况在全球绝无仅有。"他用3个奇迹来概括DS所取得的成绩："DS在短短的时间内取得的成绩，在全世界范围内是一个奇迹。我们建厂谈判的速度是奇迹。打造DS这个品牌的速度，还是一个奇迹。"

徐骏还主动谈及到前任蔡建军："他虽然离开了这个岗位，但是所有人都为他自豪。因为这个团队付出了很多艰辛，克服了很多的困难，我们能感受到销售一线战士的辛酸。"但他认为合资企业换人是正常的。

他透露，他的最终的任命是集团的指派。"合资的谈判人是我，我跟法国人的关系最好。我来了之后可以延续很多以前的一些想法。在成立合资公司以及运作过程中，应展望先生和我作为中方代表，一直想扭转法国人在中国市场的一些看法，包括一些市场的行为。我来了，法国人最支持。"

徐骏告诉《财经天下》周刊，他在英国出差时买了一块IWC（万国表）。徐骏认为，IWC不张扬，不是特别贵，但绝对不是普通表，在中国知道万国表是豪华品牌的并不多，"这跟DS很像"。

现在，对于陈国章与徐骏这对全新拍档而言，新岗位都是全新挑战。陈国章表示，对他而言比较困难的是企业文化的重塑，一个品牌是怎么样，团队怎么样，这是相互联系的。"英菲尼迪、雷诺进入中国市场时是独资，只有一个团队，一切从零开始。"但他认为DS并不完全是一张白纸，DS在外面是白纸，内部并不是。

"DS有一个比较复杂的历史背景，股东双方要磨合。而且，双方都没有做豪华车的经验。DS虽然拥有豪华车背景，但在团队与企业文化上是欠缺的。一般品牌用的捷径是用钱来买经验。DS过去没有走这条路。豪华的文化建设过程，需要至少一年的时间。"陈国章说。

徐骏认为，DS的难题就是在全球范围内从来没有这种打造模式：在中国的市场上复兴一个品牌，并往全世界去推广，甚至在很多中国人都不认识这个品牌的情况下。

徐骏坦承，自己的职业生涯基本上是每4年换一个地方，但DS将是他的最后一站。"只有到这儿自己想扎根了。如果这件事情做成功了，也足够了。"

根据陈国章的判断，DS与奥迪刚进入中国的情形很接近，大家都不认为它是豪华品牌。因此，DS作为法式豪华品牌的定位必须强化、延续、完成爬坡。但DS的战略又不同于奥迪、英菲尼迪，而是第一年就销量上万，第二年销量几万这样的爬坡。

"豪华的转化需要产品、策略、售后基础和网络基础来支撑。DS现有产品没有全线的豪华车型，与英菲尼迪、路虎套路相近，竞争人群一致。区别在于英菲尼迪用日本的现代豪华，路虎用英式豪华，DS用的是法式豪华，各有各的优势来打市场。"陈国章说。

徐骏说，从严格意义上讲，DS没有和其他品牌相似的车型，也没有相似的定位，不需要对标。他以苹果公司为例："苹果从复苏到衰落又到复苏，实际上就是钻了别人没有的空子。苹果后来居上，在于其创新能力，这点跟DS很相像。我们的优势在于与众不同，那就干脆让它与众不同下去。"

对于外界传言的主导权之争，徐骏坦言："很多职责都是合同条文写明的，双方任职是三加三的结果，所以外界不必过多猜测这个问题。"他认为，中法双方的合作一直都非常顺利，双方的目标和利益永远都是一致的。"目前看，沟通越来越好。当然，也需要更多时间的磨合。对合资公司来讲，合作是最关键的。"

"DS革命"

自2014年年底以来，由于经营成本上升，单车利润下滑，加之汽车电商的威胁，汽车经销商与车企之间的关系日趋紧张。包括宝马、奔驰、奥迪在内的豪华车品牌纷纷以补贴或奖励的形式向经销商示好。

DS作为新晋豪华车品牌，虽然经销商网络数量较少，但同样承受着来自传统渠道的压力。据陈国章介绍，2014年DS 95%的销售是通过传统的经销商手段完成的，也就是以4S店的模式进行销售。

"但是现在环境在改变，我们需要打破传统，进行网络转化。"陈国章所说的网络转化有两个核心：营运模式（Business Model）和财务模式（Financial Model）。各个板块包括供应商、生产工厂、经销商之间需要在运营与财务上达到一个平衡，但这个平衡点已经被打破，大量的经销商开始撑不住了。这说明传统的运营模式需要转化，创立一个新的平衡点。

"我们要做到'4321'，完成这个转换，就必须从经营模式去改革。第一是转向电商，第二是网络优化。"陈国章认为，传统模式最大的弊病在于库存囤积和资金使用。"我们2015年会创造一个历史，超过50%的销售是通过电商去完成。电商要做一个营运模式跟财务模式的平衡，比传统模式利润更高，包括厂家和经销商的利润都会更高。"

据介绍，4月9日DS在易车、京东电商专区正式上线，DS 5、DS 5LS成为电商平台首批主销车型，主要采用网上购车，网上金融，网上配置，到家试乘、试驾。

所谓网络优化，就是在城市中心建立符合DS品牌调性的咖啡厅、生活馆等文化传媒中心。咖啡厅自身在达到盈亏平衡点的同时，与电商等渠道合作，目标客户可以在咖啡厅里选车，在咖啡厅外试乘、试驾。

陈国章认为，这个新的商业模式可以完成几个转化。首先，实现盈亏平衡；第二，客户落地，确保了人流量；第三，进行品牌调性的建设。"DS今年做这个营运模式的转化，会是一个历史的创举，是DS革命。"

徐骏说："我和陈国章的思路是一致的，必须要推广多平台文化建设。营销体系上，双方母公司高层已经达成共识。"他认为，打破传统4S店模式的前提条件是这种模式全球都不采用，只有中国还在用。4S店可以因地制宜变成2S店、3S店。"从今年开始，对4S店建设一个是压缩投资规模，一个是数量加快，然后把形式多样化，这就是4S渠道的变革。2015年，DS将实施'提速倍增计划'，渠道网络建设计划达到115家。同时电商也在积极推进。"

徐骏向《财经天下》周刊描述了如下场景：顾客从DS咖啡厅出来后，我们可以负责免费接送或者试车，把他们变成潜在消费者。我们的上车成交率非常高，达到37%。3个人里就会有一个变成实际的购买者，这个成交率是ABB或者其他品牌做不到的。我们的定位既高于普通大众，但也不是特别豪华。我给它精确的定义是，在豪华和大众之间，DS寻求一条平衡路。

据徐骏透露，现在全国要求采用这种模式的投资方很多，包括北京、上海、重庆、长沙、深圳等地目前都在具体操作中。

无独有偶的是，上海国际车展期间，观致、林肯也同时提到了改造传统4S店模式，以在城市中心设立咖啡厅的形式推广品牌文化，结合电商，提升销量。事实上，类似模式在国外已有先例，比如雷克萨斯在东京时尚聚集地青田区开设的品牌体验店"Intersectby Lexus"。但不同的是这些体验店往往由厂家供养，且规模庞大。

与此同时，DS的跨界营销也在采用更多样化的形式。4月16日，DS和即时用车软件Uber（优步）正式签署战略合作协议。DS将为Uber平台上的租车公司合作方和"人民优步"拼车车主提供"零首付，零利率，零月供，零压力"的配套购车金融解决方案支持。

徐骏表示，与Uber的跨界合作是DS在市场拓展方面的一次创新，打破原有的汽车销售模式和环节，将汽车作为资产而不仅仅是产品，通过联手Uber提升其使用效率和使用范围的思路来拓宽销售路径。

长安PSA总裁博杰思说："通过与Uber China的战略合作，将会实现车厂与电商平台及末端销售新环节的打通，为行业建立一种全新的销售模式。"

在上海国际车展上，随着新DS 5的亮相，DS品牌三款国产车型完成了家族式前脸"DS之翼"的统一配备，这也标志着自2014年宣布品牌独立开始，DS品牌进入了新的发展阶段。

在车展期间的专访时，博杰思拿出手机，锁屏界面上是DS的全新LOGO与中文口号。他说，在英文或法文中"前卫"指的是新的事物，此外还包含了品位、艺术感等多层含义。所以DS的"前卫"，是有其丰富内涵的。最后，他充满期待地问《财经天下》周刊记者："你认为，这个新口号怎么样？"

"喜羊羊之父"的二次革命

在"喜羊羊之父"黄伟明看来，动画的本质是讲述一个好故事。重归喜羊羊创作团队，他决心把观众的笑声带回来。

《财经天下》/苗正卿　冯平深

黄伟明并不喜欢别人称呼自己为"喜羊羊之父"。在这位43岁的动漫人看来，创作动画的过程本身远比名誉更能给自己带来快乐。

2015年1月31日，"喜羊羊与灰太狼"第七部大电影《羊年喜羊羊》正式公映，这是2014年4月黄伟明回归喜羊羊创作团队后正式操刀的首部作品，也是他执导的第一部喜羊羊动画电影。

在《羊年喜羊羊》公映之前，首映于2005年的喜羊羊动画已经播出了1230集，其六部大电影作品的总票房超过7亿元。持续的高人气和电影票房的成功，让"喜羊羊与灰太狼"被视为近10年来国产动画最为成功的品牌之一。

但喜羊羊也在10岁之际开始遇到了自己成长的烦恼。在2月5日《熊出没2》以2.5亿元票房收入打破国产动画电影票房纪录之际，《羊年喜羊羊》总票房仍徘徊在6200万元。这并非"喜羊羊"首次在票房上败给"熊出没"，2014年春节期间，面对《熊出没1》和好莱坞《神偷奶爸》的双重夹击，喜羊羊在排片率、票房等方面均败给了竞争者。

文化评论人韩浩月认为，《喜羊羊6》及之前几部大电影作品并没有足够的突破，"过去几版喜羊羊大电影躺在成绩上吃老本，透支了自己的影响力。"在韩浩月和一些业内人士看来，喜羊羊逐渐将其立身之本的剧情法宝抛诸脑后。"剧情在该简单时不简单、该丰富时不丰富。"韩浩月说。

在这样的形势下，黄伟明于2014年年初的回归被外界解读为喜羊羊将开始重塑自己品牌价值的举措。

"我一直的追求是给观众提供一个有趣的故事。动画片的叙事结构、笑料、爆点而非画面的精美才是喜羊羊成功的根本。"黄伟明说，"这些接地气的笑料和爆点是喜羊羊吸引观众的秘诀。"

"不允许随便填一句词而成的剧本用于喜羊羊身上"

重新回归后，黄伟明几乎重组了喜羊羊的编剧阵容。现任喜羊羊编剧团队负责人晴天是黄伟明的老搭档，从其第一部动画片作品《宝贝女儿好妈妈》算起，二人合作已超过13年，2014年随同黄伟明加盟喜羊羊。

熟悉黄伟明的人士透露，他曾在重新回归喜羊羊后自豪地说，中国动画行业最好的两个编剧团队一个在喜羊羊，一个在《开心超人》。后者是黄伟明2008年离开喜羊羊后重新打造的动画品牌。

黄伟明介绍称，在国内，像喜羊羊一样拥有固定编剧团队的动画制作组非常少。"一个动画成功的根本在于故事，而故事的灵魂又在于人物形象塑造。拥有一个好剧本，对一个动画而言至关重要。"黄伟明说。

喜羊羊制作团队——广州原创动力文化传播有限公司位于广州市北校场横路物资大厦，编剧团队单独于大厦4层有自己的办公区域。原创动力的员工介绍，之所以在10层之外给编剧团队单独租房，是为了方便人数近20人的编剧们能够随时进行头脑风暴。

"喜羊羊剧本不是某一个人的作品，而是所有人的。"晴天说，一版喜羊羊剧本写好后，所有的编剧会依次浏览并标出自己的修改建议，在办公室中，编剧们经常会为了一小句台词而讨论很久。这也让编剧团队成为喜羊羊创作团队中最累的一组人。

以最新的电影《羊年喜羊羊》为例，据晴天介绍，尽管因为临时更换人员导致动画制作周期压缩，但电影剧本依然改出了9个版本。"直到最后配音的时候，有些台词还是会不断修改。"

"可能因为我是编剧出身，所以对剧本的要求很高，我不允许随便填一句词而成的剧本用于喜羊羊身上。"黄伟明说。

在开始投身动画行业之前，旅游专业毕业的黄伟明最早与影视结缘的工作是为综艺节目写剧本。因为喜欢周星驰并喜欢画幽默漫画，当时黄伟明将主要精力用于搞笑剧情的写作。早期漫画和剧本创作形成的对情景喜剧剧情的掌控力，被视为黄伟明之所以能够成功塑造喜羊羊的原因。

"黄伟明有一种独特的喜剧风格，正是这种风格让喜羊羊独树一帜。"在晴天看来，动画是术业有专攻的领域。在2005年前后，喜羊羊巧妙地找到了尚处市场空白的"喜剧"这一细分市场，而黄氏情景喜剧风格又让喜羊羊得以迅速获得观众喜爱，从而占据市场。

从黄伟明最早的动画作品《宝贝女儿好妈妈》身上能够一

窥这种黄氏风格的究竟。

这部平均收视率超过13%的动画，以Flash技术实现，每集15分钟的内容围绕着一家人嬉笑怒骂的生活展开，简洁的画面、大量接地气的笑料、源自生活本身的剧情撑起了这部播出当年获得全国收视冠军动画片的骨架。"我当时唯一的念头，就是把这部动画做得很有趣、很搞笑。"因为人力有限，《宝贝女儿好妈妈》的美工任务几乎由黄伟明一个人完成，他利用Flash技术，平均一个月可以制作一集，这注定让《宝贝女儿好妈妈》不能成为一个在画面美观度上博彩的作品。"我不追求画得最好看、最漂亮，但是我追求有趣、追求创意。"

同样的理念被黄伟明运用到2005年首部40集的喜羊羊动画片中。

因为《宝贝女儿好妈妈》亮眼的收视率，投资方决定再制作一部以动物为主题的动画片。对投资方而言，从利用动画形象衍生出玩具、文具的角度而言，动物远比人更容易获得小孩的喜爱。当时国内最火的一部动物主题动画片是《蓝猫淘气3000问》，但黄伟明不想做那种动画作品。"《蓝猫淘气3000问》很正，它是一个教育类型的，我不想做这个类型的，我还是想做幽默、有趣的喜剧动画。"黄伟明说。

"我和黄伟明都喜欢并擅长的是情景喜剧，在这个领域我们有自信，所以我们的作品都会以这个题材开展，如果换成别的题材，比如一些沉重主题的作品，我们不仅不擅长，也会丧失兴趣。"晴天说。

在形象设计上，喜羊羊团队也尽可能往有趣、可爱的方向上靠拢。据黄伟明介绍，喜羊羊与灰太狼中大部分形象都是圆乎乎的模样，这很符合观众对于可爱的判断标准，而这种形象在早期Flash制作动画时也会降低制作难度。

而在人物动作上，黄伟明也坚持让整个风格更加夸张、童话一些。"很多情节其实不需要台词，一个动作就可以让观众觉得很搞笑，我们在一开始就设计了许多搞笑的动作和一些有趣的画面。"一位负责喜羊羊动画片和美国迪士尼业务对接的人士表示，2008年前后曾将喜羊羊的样片拿去让美国的同行看过。"没有英语配音，字幕也没配好，但是单纯看画面，这些美国同行已经觉得非常有趣了。"该人士说。

2005年首播后，喜羊羊获得了空前的关注。原本喜羊羊只是原创动力一个40集的项目，准备40集后就不再继续，结果负责首播的杭州少儿频道负责人在开播没几天后就给喜羊羊方面打来电话，要求追加40集。

"就这么一个40集又一个40集地继续下去了。"黄伟明说。

喜羊羊大电影系列制片人蔡瑞琼回忆说，2005年喜羊羊刚播出时，公司里没有任何人想到这个动画会如此火爆。"就算后来追加了第二个40集，我们也是非常谨慎的，一次只做40集，如果反响好我们就再做。"

影视评论人陈雨凡觉得，2005年首播的喜羊羊让人眼前一亮。"当时的喜羊羊无论形象设计还是剧情、台词设计，都已经非常贴近国外一些作品的水准，尤其是喜羊羊，通过剧情和台词便能够给观众提供一种非常单纯的快乐。"

2013年之前的8年间，喜羊羊迎来了成长速度最快的时期。几乎一夜之间，喜羊羊片首曲传遍大街小巷。2009年，喜羊羊大电影《牛气冲天》票房超越了同期上映的美国动画片《马达加斯加2》和《闪电狗》。

在这个过程中，喜羊羊团队也在不断调整着自己的作品。据黄伟明介绍，几乎每一部新的喜羊羊动画（基本上以40集为一部）中，人物形象在设计层面都会进行微调。在2005年喜羊羊刚刚问世时，有许多细节上的设计并不适合厂家进行大规模的玩具加工，随着其周边产品开发的加速，一些细节层面已经进行了相关调整。"比如说对称性问题，如果一个形象不是对称的，那么不仅玩具厂家不好生产，就连动画制作时都很容易出错，所以我们在新形象开发时会尽量规避这些问题。"

对于这段可以被视为喜羊羊黄金时代的成长期，黄伟明将之大火的根本原因归结为市场。"当时的市场空间非常大，一部喜羊羊大电影上映，电影院放映的片子很少，动画片几乎没有，可是如今你再去看，密密麻麻的有许多国产动画电影同期竞争。"

曾助力喜羊羊飞速成长的市场，终于开始给喜羊羊泼了盆冷水。

"喜羊羊需要的故事要有灵魂和人性"

2013年年初，喜羊羊系列第五部大电影《喜气羊羊过蛇年》如约上映，尽管依然票房过亿元，但是喜羊羊首次出现疲态。前四部大电影的平均票房增长率高达19%，而第五部比上一部票房收入下降8.3%。2012年前后，国内的动画市场如同被引爆一样，国产新作不断涌现。仅2013年《喜气羊羊过蛇年》上映之际，国产动画电影《洛克王国》一举拿下了6000万元以上票房，另一部国产动画电影《赛尔号大电影3》更是席卷7500万元的票房收入。该年年底，《熊出没》首部动画电影也正式发布。

"洛克王国、赛尔号、熊出没，和喜羊羊崛起时非常相似的地方是，它们都聚集了相当高的人气，洛克王国和赛尔号依托游戏，熊出没依托电视台动画片，所以在观众基础上，已经播放了8年的喜羊羊并没有绝对优势。"漫画家、动漫行业研究人士刘滨表示。

一位不愿具名的国内动画公司负责人认为，喜羊羊从2012年前后开始面对一批极具活力的对手，面对竞争，喜羊羊不但没有及时转变，还丧失了原本的优势。"无论是TV动画还是电影，喜羊羊的剧情远没有其最早那几年那样有水准了，其画面越来越好，剧情反而越来越无聊了。"该人士分析称。

那段时间，恰恰是黄伟明离开喜羊羊的日子。"我2008年的时候想试一试别的挑战，《宝贝女儿好妈妈》是家庭喜剧，喜羊羊是偏向童话一些的，我决定去挑战一下科幻题材。"

离开喜羊羊的黄伟明开始了新项目《开心超人》。"我没想过自己有一天会再回到喜羊羊团队。"他说。

转折发生在2014年年初。喜羊羊被奥飞动漫收购后，高层开始考虑为其注入新的活力，以应对竞争日益激烈的国产动漫市场。

据喜羊羊大电影系列制片人蔡瑞琼回忆，当时喜羊羊团队已经开始着手进行第七部大电影的剧本写作了。"最早的一个本子是以游戏世界为背景的，但是现实问题是，游戏世界已经被许多动画片采用过，感觉没有什么新意。"2014年4月，奥飞动漫高层向黄伟明提出回归喜羊羊团队。"《开心超人》早于喜羊羊已被奥飞动漫收购，当时集团高层找我谈，希望我能够重新把控一下喜羊羊的内容品质。"黄伟明说。

北京青青树动漫科技有限公司总经理武寒青认为，黄伟明的回归利于喜羊羊重新找到自己应有的感觉。"黄伟明能够更好地把握喜羊羊应有的风格，也能让喜羊羊在故事和剧情上有更多的突破。"而动漫行业研究人士刘滨认为，喜羊羊从一开始就不是以画风博得市场认可的作品，剧情是其灵魂，过去几年内，喜羊羊的一些故事线比其最早几年的水准有所下降，黄伟明回归最根本的价值在于重塑出喜羊羊未来的故事主线，这是喜羊羊的命脉。

　　"我回归后，主要的目标就是让喜羊羊重新讲述真正有趣的故事。"黄伟明说，自己的第一个任务便是带着整个编剧团队重新撰写剧本。"任何一个动漫产品如果想延续几十年，一定要不断挑战自己、不断做出变化。"黄伟明认为，喜羊羊如果想成为一个几十年的成功品牌，一定要不断为自己注入活力。在编剧团队的新思路下，新电影的背景世界被设定为远古，而懒羊羊的形象首次发生突破性变化，成为与喜羊羊兄弟反目的"反面"角色。

　　"喜羊羊需要的故事是有灵魂和人性的。"参与第七部电影剧本写作的晴天说，之所以要设计出兄弟反目情节，是因为这是一种人性很自然的体现。"懒羊羊总觉得自己不如喜羊羊，觉得风头都被喜羊羊抢去了。作为一个人，这种情况下有一些嫉妒之心是非常自然的，我们就是通过动画形象反映出这种自然的人性。"

　　黄伟明的另一个目标是通过全新的故事架构让喜羊羊真正成为一部全年龄动画。其团队成员透露，喜羊羊第七部大电影剧本创作过程中，黄伟明会把一些剧情故事给所有员工分享，如果这些剧情不能让这些成年员工感到有趣或感动，那么就会被重新设计。

　　"如果我们员工看完都觉得没有意思，怎么可能让观众满意？"黄伟明说。

　　对喜羊羊团队而言，新的大电影的票房反而成为了一个远比内容质量次要的问题。"我写剧本只对故事是否精彩、动人负责，票房并非我考虑的问题。"晴天透露，在他加入喜羊羊团队时，其原有的老编剧班底已经在这些年中流失殆尽，一些编剧甚至对情景喜剧的剧本写作没有丝毫经验。"我敢说，通过一部大电影的剧本创作，整个喜羊羊编剧团队的实力会上升一个档次。"

因为中途接手，黄伟明只有不足9个月的时间用于电影制作。一位喜羊羊团队员工如此形容此次大电影制作过程的紧张："最后配完音，我们离送片给发行方的最后期限只有9天。"

对于黄伟明而言，他更加关心的并非9个月能够带来怎样的票房回报，而是未来10年喜羊羊整体的方向调整。

"一方面，我们要回归故事本身，让喜羊羊真正讲述有趣的好故事；另一方面，我们会加快多元化产品研发。"

根据黄伟明的构想，未来喜羊羊将会出现很多系列故事，诸如侦探题材、冒险题材，每一种题材将单独呈现，好比是喜羊羊大世界的平行世界故事。

而在内容之外，产品形式也会有更多层面的探索。"我们会尝试开发许多全新的产品，比如一些APP、网络剧，包括一些产品授权的尝试。"2014年，中国第一家喜羊羊品牌授权的主题咖啡厅已经在广州开设，而喜羊羊主题的甜品屋"喜羊羊家族甜品屋"也于广州越秀区开张。在这些品牌授权店中，不仅所有的用具都带有喜羊羊动漫元素，而且整个房间中还摆满了喜羊羊动漫玩偶。

"喜羊羊的闲置资源是非常多的，有许多有价值的内容资源还没有被充分利用。"一位喜羊羊员工向记者展示了一张CD，这是一张以喜羊羊动漫歌曲刻成的光盘，他表示，"光是源自喜羊羊动画的音乐，这10年来就已经有上百首"。

"我们也尝试在音乐产品方面做一些尝试，现在喜羊羊有奥飞动漫的平台，许多衍生品的开发会更为便利。"黄伟明说。

无论生产哪一种类的衍生品，这位出生于广东的动漫人依然把踏实讲述一个好故事视为喜羊羊的生存之本。这体现在他对动画技术的态度上，对他而言，技术是远比故事内容本身次要的事情。在黄伟明看来，早在20世纪90年代，国外就有互联网动画了，互联网技术并非是决定动画作品成败的根本。"很早以前，韩国有一个流氓兔就是互联网动画，流氓兔的成功其实并不是因为其播放于互联网平台，而是因为其动画形象、故事剧情上的成功，喜羊羊并不拒绝3D技术，并不拒绝互联网，但前提是我们能不能拥有优质的故事，能不能给观众讲一个好故事。"

黄伟明说，能否让观众看完十几分钟喜羊羊动画后大笑一场，才是他心中成功与否的标准。

更潮更贵的 COACH 你会买吗？

COACH是开创了"轻奢"这一细分市场的鼻祖，如今它的光芒却输给了一众追随者。新的店面形象和产品设计能否帮它收复失地？

《财经天下》/冯超　王卜

2015年12月9日，COACH北京新光天地店的气氛略微有些不同，零售团队、视觉陈列团队、采购团队的员工一边在做着最后的准备，一边又像学生在准备考试一样在等待老师的到来。这一天COACH中国区CEO杨葆焱（Yann Bozec）要来这里巡店。他先在门外看了最新的橱窗视觉陈列，似乎他对于以纽约摩天大厦为素材所做的节假日展示非常满意。然后他大步地走进店内问候同事们的近况，虽然并不经常来新光天地，可是他却能记住几乎所有同事的名字。

杨葆焱快速地检视了门店情况，他最关注的是顾客和销售同事的回馈：为何这个包好卖？顾客对全新的门店装潢的意见是什么？他还跟视觉陈列团队一起动手调整货品摆设，看看哪种陈列的效果会更好。作为全球著名轻奢品牌COACH的中国区总裁兼首席执行官，杨葆焱当下的重点工作就是要让更多中国人迷恋上这些价格不菲的手袋、服装、皮鞋和配饰产品，他不会轻易浪费一个让COACH优雅露面的机会。

这位敬业的"推销员"在2014年8月份被COACH全球首席执行官维克多·路易斯（Victor Luis）派遣到中国。这其实是一个糟糕的时刻。那个月早些时候，COACH公布的2014财年业绩报告显示，公司全年的收入下跌了5.3%，其中占据其七成收入的北美市场，销售额下跌了11%。由于转型计划带来的一系列费用，2014财年COACH的利润更是下跌了24%。稍早之前，COACH还宣布关闭北美70家装修风格过时或者业绩不佳的门店。

在2014年6月的投资者大会上，COACH公布了一揽子的转型计划：将品牌定位从"触手可及的奢侈品"转化为"现代奢华"的生活方式类品牌，在兼顾手袋以及配饰产品的同时，进一步发展成衣、鞋履等多种品类，加强品牌的时尚度，及透过产品、店铺和市场营销的改造来再次赢得消费者的欢心。

在北美地区下滑、全球其他市场也大多持平的情况下，中国地区可算是一枝独秀——2014年中国市场以超过25%的销售增幅缓解了美国大本营的阵痛，不过由于整体中国的奢侈品市场受到大环境的冲击，COACH相比2013年40%的增幅也有所放缓。杨葆焱的任务便是：让中国区继续成为逆转全球颓势的生力军。入职半年多来，他都在思考如何在中国这个COACH最重要的海外市场全力贯彻和执行品牌转化策略，继续确保品牌对消费者的吸引力。

⋮⋮⋮ 纽约的即是世界的

2015年1月6日，COACH北京新光天地门店在试运营三个月后，举行了开幕仪式。杨葆焱和Angelababy、鹿晗等明星一起参加了剪彩仪式，这是他正式对外公布自己的第一个成果。为了充分体现品牌的风格，全新春季系列产品还特意在一楼中庭做了展示，完美复刻了纽约时装周发布的现场，通过废弃的高速公路和加油站等装饰元素去营造经典的美国式场景。

这家门店最直观的变化是在装修风格上，它放弃了惯用的白色明亮色调，换上柔和舒适的灯光；之前那些用来展示产品的银白色金属货架被原木木架替代，加上黑色斑点的地毯和皮质沙发，试图通过材质混搭与奢华选料营造高端的形象，使整个空间色调温暖舒服。正门右边的玻璃橱窗内，还摆放了几个亮着灯光的摩天大楼模型，仿造的是纽约的建筑，以强化现代奢华的纽约品牌的印象。

当然，让人更加无法忽略的变化是产品，以往产品上对"双C"Logo的大量应用现在几乎消失不见。比如，重点推出的新品Rhyder系列手袋采用的是单色彩皮革，风格简单大方，仅在包上用了"马与马车"Logo，而皮革标签上印有"COACH"这个字母。这家门店里，经典的"双C"包只有两款，并且躺在橱窗的最底层。

在陈列上也悄然发生了变化。之前，COACH希望消费者一进门就瞧见当月最新的包类配饰产品，它们总是被陈列在最显眼的位置。现在进门处就能看见三个模特儿展示着最新的成衣系列：千鸟格大衣和麂皮翻毛领外套配上皮裙和醒目的登山鞋，成衣采用了皮革和羊毛等实用材质，和最新款包袋互相呼应。再往SKP店内走，你会发现一个宽敞的客厅，展示所有成衣的同时，还有整整一面墙的各式鞋履、首饰。顾客可以舒适地喝杯咖啡，从iPad看看最新系列的成衣、包袋和鞋履的配搭组合，为此，COACH还在店内新增了以前从来没有过的试衣间。

这些发生在产品上的变化皆是由2013年上任的执行创意总监斯图尔特·维佛斯（Stuart Vevers）主导，并于2014年秋天开始进入门店销售。这位时尚圈炙手可热的设计师在COACH的邀请下从欧洲来到纽约，于是这座永远在引领潮流的大都市成为了他第一季产品的灵感来源。门店内的矮桌上放着介绍这些新产品的iPad和画册，随意翻翻就能看到"美国梦""纽约风"等字眼，而在包袋产品上，依然可以看到许多诸如皮革标签吊牌、旋转锁扣等COACH的经典元素。斯图尔特·维佛斯试图让消费者相信，纽约的即是世界的，经典的也是时尚的。

"打造新的门店，如同给我们的新产品找到一个新家，我们希望为顾客带来体现纯正纽约时尚风格的感受，并且具有宾至如归的门店环境。"杨葆焱指着门店画册说，"砖块、木质、地毯等这些温暖的材质，都是对COACH新定位的诠释和表达。奢华不一定要有距离感，我们要让消费者能够感受到COACH的亲和力。"

⋮ 攀上巅峰之后

在"现代奢华"之前，COACH的定位是"触手可及的奢侈品"，这个概念由前任CEO卢·弗兰克福特（Lew Frankfort）所创。这个精准的定位曾为COACH打开一片蓝海，因为它针对的是一个全然不同的市场。COACH一方面为自己塑造了较为高端的品牌形象，比如它的门店选址大多紧邻一线品牌；同时几千元一只包的价位也相对亲民，相比起LV、Gucci等一线品牌的距离感，COACH让更多人敢于走进门店。

欧洲的奢侈品牌一贯讲究血统和历史，而从纽约曼哈顿一间不起眼的阁楼里诞生的COACH没有"身份"的包袱，反而能够大胆地尝试不同的营销方式。比如，为了将"触手可得"做到极致，COACH还分析出一部分的顾客甚少去正价专卖店购物，因此COACH就大力发展折扣店，这些折扣店里出售的产品，除了专卖店里换下来的过季产品，也有专门为折扣店针对的客户群而设计生产的产品。这样的经营方式对于大多数奢侈品牌来说，都不会是轻易采用的方式。

合乎时宜的定位和大胆的营销手段一度创造了COACH的繁荣。10年前它的销售额不到10亿美元，而2014年这个数字是约50亿美元。现在，COACH在全球拥有超过1000家店铺，多数位于美国和亚洲。

COACH的成功做大了"轻奢"这个细分市场，也催生了像Michael Kors、Kate Spade这样的跟随者和挑战者来分食这块蛋糕。巴克莱银行的数据显示，COACH在北美地区的手袋以及配饰的市场份额，由3年前的35%下滑至去年的24%，而Michael Kors则由3%增长到18%。"在我们的首创和开拓之下，（触手可及的奢侈品）这一细分市场不断发展壮大，之后又有很多的品牌加入进来。"杨葆焱说。

消费者被分流的现象渐渐明显起来，2013年1月，卢·弗兰克福特宣布了一个"令他失望"的坏消息：2013财年第二季度，北美市场的同店销售额出现了2%的下滑。这个小小数字的可怕在于，这是长达12年来COACH第三次出现同店销售的下滑，第一次是在"9·11事件"之后的2002年，第二次则是全球金融危机最严重时的2009年。就在业绩公布的那天，卢·弗兰克福特就决定：推出鞋履及男、女士成衣等一系列产品，转变为生活方式品牌。"我们要抓住机遇，而不能坐以待毙。"

但转型措施的实施成效赶不上资本市场的反应。2012年COACH的市值尚且超过了220亿美元，如今却已跌到100亿美元左右。雪上加霜的是，2014财年，其北美地区的同店销售额的下跌已达两位数。

在中国市场，经历了2010年到2013年的高速成长后，COACH的增长率也从之前的20%，放缓至10%。"COACH产品的质量不错，但是逐渐沦为了'大妈'专用的手袋"。美银美林分析师张培英说："与竞争对手相比，它的产品设计不够时尚。"

"COACH初入中国面对的是一个不成熟的中国市场，中国消费者普遍缺乏对奢侈品的认知。"财富品质研究院院长周婷认为，随着中国人出国机会的增加，他们很快发现这个品牌并不符合传统上对奢侈品的定义。

也有分析师认为，COACH折扣店以及频繁的促销活动稀释了品牌的价值。在北美市场，COACH拥有350多家全价店以及190多家折扣店，但它没有公布这两个渠道的具体销量。富国银行分析师Paul Lejuez的研究显示，十年前，COACH在北美地区的折扣店距离核心商业圈的距离是50至100公里，但是到了2012年，这一距离缩短了30公里。这意味着正价店与折扣店之间的区隔在弱化，会拉低品牌的调性。该研究表明，COACH全价店每平方英尺的销售额由2012年的933美元下降到2014年的682美元。这跟折扣店选址不无关系。美国零售专家Robin Lewis估计，COACH超过70%的利润都来自折扣店。

⋮⋮⋮ 再上征途

2014年1月，任职34年、见证了COACH盛衰的元老卢·弗兰克福特离任，接过帅印的是曾经负责国际业务，并带领COACH在中国、日本等地实现扩张的维克多·路易斯。职务交接期间，路易斯就已经开始了女装成衣、女鞋等品类的拓展，同时他还请来了一位关键人物——曾为Loewe、Bottega Veneta、Louis Vuitton等诸多奢侈品牌效力过的设计师斯图尔特·维佛斯。2013年9月维佛斯正式加盟COACH，并担任执行创意总监，也标志了一个COACH新时代的开始。

重塑品牌的第一招杀手锏就是提升品牌定位。路易斯在2014年6月份的投资者大会上承认了过多打折的做法欠妥，并决定降低折扣力度。管理层也认为，公司没能迅速、创造性地应对竞争对手的崛起，问题的根源在于对全价店以及营销的投入太少。

但杨葆焱同时也强调："现代奢华"的定位并不是对"触手可及的奢侈品"定位的否定，而是该定位的传承和提升。杨葆焱说，欧洲的传统奢侈品牌讲究精湛的工艺和悠久的历史，并且强调以高昂的价格为消费者带来身份感和排他性。而一些新兴的美国品牌比较年轻，因此更注重时尚感。"COACH要做的是提高品牌与时尚的关联度，同时也凸显我们一流的品质，在70多年历史传承的品牌内涵的基础上，由新任执行创意总监维佛斯为品牌注入更多的时尚活力，这些整合在一起，就是COACH想要呈现和推崇的现代奢华。"

COACH这项雄心勃勃的转型计划，涵盖了产品、店铺及市场营销三大方面。为此COACH不惜投以重金：2014至2015财年，将花费2.5至3亿美元用于重组和转型；到2017财年为止，花费约5.7亿美元在全球门店引入全新零售概念；并增加约5千万美金的营销费用。

在产品方面，维佛斯这位曾使得Mulberry和Loewe复兴的设计师，在2013年上任后就重新规划了COACH在手袋、鞋履、成衣、配饰等方面的产品线，并在2014年2月带领COACH首次参加纽约时装周，其主导设计的秋冬系列受到了时尚圈的赞誉。同时，COACH还推出了一些价格更高的产品，比如795美元的Dakotah Fringe手袋。日本投行Nomura的报告显示，COACH现在的手袋有三分之一的售价超过400美元，而在去年，这个比例只有五分之一。1月6日，COACH宣布将以现金支付5.3亿美元的首期款项为代价收购美国轻奢鞋履品牌Stuart Weitzman，此举将进一步增强其在鞋履方面的实力。

而在店铺方面，COACH也邀请了著名设计大师William Sofield和维佛斯一起合作，共同打造了"现代奢华"的全新零售概念。跟新光天地店类似的新一代店铺已于2014年秋季在东京、纽约、洛杉矶等多个城市重装开幕，新设计的产品也进入了展柜。目前全球翻新门店为

20家，在2015财年里，COACH将继续在全球改造150家店铺，并新开60家新的概念店，以后越来越多的门店将展示新的定位风格，整个改造过程会持续3至5年。

不过新的变化才刚刚被消费者所知，效果还有待检验。1月29日，COACH公布了其实施转型措施约半年后的2015财年二季度财报，这份报告依然没有明显体现出转型带来的正面影响。在此财季期间COACH销售额为12.2亿美元，同比下降12%，其中中国区同比上升13%。但维克多·路易斯认为这个业绩符合预期，表示北美地区的同店销售正在恢复，中国区的同店销售也继续在增长，转型进展顺利。之后COACH股价也应声上涨。

有迹象表明，COACH透过优化产品和拓宽产品系列，提供更具差异化的高端产品或许可行。公司称，售价400美元以上的高端手袋，营收占到了全部手袋的30%，去年同期比例则为21%。根据COACH内部资料显示，在刚刚过去的2015财年第二季度节假日产品系列中，有90%的产品均为维佛斯设计，并获得了市场的良好反响。

"我们还处在转型的初步阶段，"杨葆焱说，"我们非常清楚，并且告知外界，这个转化需要几年的时间来完成。它真的不是挑战，更像是一个学习的过程。中国市场已成为COACH继美国和日本之后的第三大市场，但是其品牌的非提示知名度只有18%，远低于美国和日本。自从2009年收回中国地区的代理权之后，COACH便开始在中国狂奔，触角已经延伸到绍兴、邢台这些消费能力强的三线城市。"

2008年加入COACH，后来一直在亚洲市场耕耘的杨葆焱认为，中国市场会越来越好玩。在他看来，中国的年轻消费者越来越挑剔，"人们将快时尚和奢侈品牌做混搭，打造自己的个性时尚风格，而且对自己的时尚品味非常自信"。他觉得，COACH的新产品可以满足这些年轻人挑剔的需求。

尽管品牌转型的大方向相同，但各个国家市场的具体措施也有所不同。"北美市场比较成熟，市场竞争激烈，所以打折力度比较大，因此我们已经开始减少折扣，"杨葆焱说，"在中国还属于早期阶段，而且在女士配饰外，我们已经发展了男士业务以及鞋履、太阳镜等生活方式类的产品。所以在中国消费者的眼中，COACH是一个男、女士配饰的时尚品牌，而非女包品牌，因此品牌的转化可能更容易被接受和认同。"

为了提升中国市场的销量，两年前，COACH在中国开设了电商网站。COACH也是率先在中国利用微博的时尚品牌，现在其微博粉丝已经有150多万。去年冬天，他们还上线了微信电商功能。"顾客的购物喜好发生了改变，我们提供的服务和平台也会顺势改变。"杨葆焱说。他也希望更多地了解中国市场，他会定期跟中国的消费者面对面去聊天，看他们喜欢什么样的皮质，喜欢怎样的工艺，听他们对于店内环境、服务的反馈。COACH每年会对全球的几万名消费者进行调研，其中就包括中国地区一万名左右的消费者。他们曾经依据调研，为中国的职业女性消费者设计出能容纳A4纸或者iPad的手袋，也为男性设计出长形、容量大的钱包。

时尚行业是个喜新厌旧的残酷世界，在COACH 74年的历史中，曾经数度沉浮。COACH最近一次转型发生在2009至2010年，经济危机造成了日本市场的疲软，时任日本地区副总裁的杨葆焱和同事们在那里另辟蹊径，从调研结果分析出日本男士市场的潜力，建议加大男士业务和产品的比例，成功逆转了形势。现在COACH男士业务的全球销售额由2010财年的1亿美元增至2014财年的7亿美元。"如果在最初我们说要重塑新的业务，并让业绩在数年内翻7倍，别人会觉得是天方夜谭。但我们做到了。"

山姆会员店：长尾理论的遵行者

沃尔玛旗下山姆会员店首席运营官文安德认为，运营超市和开饭馆是一样的道理，当菜单上的选择逐渐增加的时候，管理也会变得越来越复杂，效率越来越低，让消费者感到失望。

因此，山姆会员店一直在不断地"瘦身"。

《财经天下》/王丹丹

这不是一家进去就可以买东西结账的超市，除非你出示会员卡。2014年12月16日，沃尔玛在武汉开设了它在中国的第11家山姆会员店。开业第二天的上午8点，一位顾客交付150元的会费，工作人员给他现场拍了照片，并告诉他印有照片的会员卡只限本人使用，不过还可以为家庭成员申请一张免费的副卡。正如它的名字"Sam's CLUB"一样，这里要营造的是一个会员俱乐部而非仅仅是个普通的卖场。150元的会费同时也是一道门槛，过滤掉那些价格敏感客户。

山姆会员店对顾客的"挑剔"可见一斑，其首席运营官文安德说："我们的目标客户要起码具备6个特点：喜欢网络购物、很忙、爱旅游爱运动、享受各种聚会、有房产、可支配收入高。"山姆称这些人群为A类和B类消费者，属于中高端消费水平的家庭。经过18年的发展，山姆在中国的会员数量已经达到了130万，按此推算，仅会费山姆每年也有1.95亿元的收入。曾在沃尔玛就职的青葵投资合伙人蔡景钟回忆，1996年山姆在深圳的全国第一家门店开业时，会员的普遍月收入已经达到了8000元。

精选的理念同样体现在了商品上面。山姆认为，商品品类更精简反而能赚到更多钱。仅在过去一年里，山姆会员店的商品就减少了1200余种，目前保持在5000个单品以内，跟一般大卖场数万种商品相去甚远。例如，一年前的鸡蛋品种有30个，但是一年后他们只保留了销售情况比较好的11个。而刚开业的武汉山姆店只有4000种商品。"给你更多的选择并不一定代表就是最好的事情。能够在精简的商品上提供持续的质量保障，这对我们来说是更加重要的事情。这是我们的战略。"文安德说。

⠿ 车轮上的消费者

赚富人的钱当然是个好主意，但让精明挑剔的客人们甘愿"买票入场"也不是一件容易的事儿。山姆会员店如今在中国发展首先应该感谢它充足的停车位。经历过山姆会员店在中国第一家门店开业的蔡景钟告诉记者，山姆最初的定位和麦德龙类似，主要服务企业客户，因此在选址上要求配有400个车位。但开业之后反而吸引了许多驾驶私家车的客人前来购物，在20世纪90年代的时候私家车的拥有量并不多，但是这些车主的购买力极强，深圳店开业当日单价在2万元一台的电视机就销售了数十台，这一度成为震惊美国总部的新闻，至今深圳这家门店的年销售额依然可以达到20亿元左右。山姆从中嗅到了高端个人客户的巨大市场空间，并开始将企业用户为主的定位迅速向高端个人用户的方向转型。

要满足高要求的消费群体，山姆商品的品质必须要有优于其他超市卖场的竞争力。比如说有更多进口商品，来自英国的牛奶、智利的三文鱼、南美洲的大虾，等等，进口的比例在这里有30%。好商品的持续供应需要有采购体系做支撑，沃尔玛集团在全球各个区域都设有"全球采购办公室"，他们的职责就是搜罗当地优质的产品并输出到海外市场。山姆会员店的采购团队可以借助这个渠道筛选适合当地市场的进口产品。还有原本产自中国、由全球采购办公室出口到国外的优质羊毛被，现在也可以在国内山姆店买到。

除了进口商品更多这一优势，山姆还可以提供给会员性价比更高的商品。一些可以与生产商直接采购的品牌差别会更明显，比如李维斯的牛仔裤，山姆会员店的售价可以比商场或专卖店低至少30%左右，因为山姆可以绕开中间环节与生产方或源头供应商采购和议价。山姆会员店首席采购官孟非凡表示，未来两年内计划将直接采购的进口商品比例提升两倍。

全球采购体系还有一个好处是可以在保证商品品质的同时减少市场风险。孟非凡举了个例子，以三文鱼来讲，通常山姆会有两个主要的采购点：挪威和智利，一旦挪威的三文鱼产量下降，他们就会从智利产地补充供给。这也是山姆不容易被复制的独特优势。同时自有品牌"Member's Mark会员优品"会成为山姆未来的发展重点，孟非凡表示，目前山姆的自有商品只占到6%左右，未来三年的目标是把这个比例提高到20%。

对于增加商品这件事，山姆店会格外谨慎，会员对商品的意见是最重要的依据。山姆会员店里可以看到很多产品试吃推广员，甚至在肉类区域也可以看到，他们的工作内容之一就是把会员对试吃产品的反馈记录下来。当山姆会员店想引进一个全球热卖的食品类商品时，会先以试吃的方式进行盲测，群体除了顾客也有当地办公室的员工。之后再由一个门店向其他门店推广，以了解所有会员对它的欢迎程度。

2014年，沃尔玛中国刚刚经历过一次重大的组织结构调整，取消了地区级的采购部门，采购权统一收归总部。这对于门店数量不多的山姆会员店来说，产生的影响并不明显。在山姆看来，全球高端客户的消费习惯以及生活方式是差别不大的，因此山姆希望95%的品类在全国的门店都是一样的，只有5%的比例用来满足地区差异的需求。

提升购物体验

山姆在入驻中国的18年间，一直在对这群中高端客户的消费行为进行数据收集和研究，由此可以在购物体验的细节上不断调整，做到提高购物体验和节约成本的双重优化。例如在武汉的会员店里，首次配备了后补式冷库，即冷库与货架直接连接在一起，它类似一个巨大的冰箱，需要在零下18℃储存的货品都统一存放在一个独立封闭的空间里，空间的四周也是货架外立面，有可以开关的玻璃门供消费者在常温空间里拿取货物，工作人员定期补给大宗货物即可。与一般冷柜相比，这种冷库式货架的补货频率降低了。虽然没有透露具体的造价成本，但是文安德表示冷库所带来的成本节约可以让新门店的运营成本与其他还未投入设备的门店拉平。

对于高单价的电器类产品和一些体积小、易碎而贵重的商品如高端化妆品，山姆会员店采取插牌陈列的方式，货架上没有实物产品，取而代之的是一张卡片，上面印有功能、成分、容量、价格等商品的必要介绍。需要购买的顾客可以拿这张卡片去结账台扫描付款，之后可以在收银台附近的货架上提取产品。这样做的效果不但减轻了会员的采购负担，同时减少了库存压力以及搬运过程中的损耗，还可以提高结账效率。

在产品的包装和细节上，山姆延续了其仓储式购物的一贯风格，最主要的是卡板式和大容量的包装。蔡景钟表示卡板式的包装因为在运输之前就已经达到了上货架时的包装要求，不再需要有大量的人力成本投入到理货的工作当中，这样的方式可以比散装运输减少一半以上的物流以及经营上的综合成本。不过包装量的确定是件很难把握的工作，客人喜欢集约的大包装，但如果包装太大又有可能会导致购物负担。山姆会员店不断通过会员的购买意见来调整最合适的分量。此前曾经推出的一款洗发套装里包含两瓶洗发水和一瓶护发素，这是因为通过对会员使用意见的调查，发现洗发水和护发素的使用比例通常是2:1。山姆会员店会与供应商协商后，在进入卖场前按照顾客的需求进行打包。

对于自有品牌"会员优品"，山姆在包装上可以拥有更大的自由空间。孟非凡表示，山姆会员店理想的包装是大份的，带有可视窗口、能让消费者最大程度了解它的品质。以一份刚更换包装的和田枣为例，将重量从之前的500克提升为800克，外包装袋的透明部分约占到了50%以上，在产品介绍的贴纸上甚至标注了每颗枣可食用的果肉含量在90%以上等描述内容。为了保证单果果肉含量，每袋红枣在包装时不能多于80颗。

进入门店需要经过二次加工的生鲜产品有统一的标准给到员工，每类产品有一张A4大小的纸片，上面标有商品的名称、切割时的形状、需要保留和舍弃的部分，以及包装、摆放的方法等。孟非凡举起一张牛肉切割的卡片做展示，每块牛肉他们都会要求供应商进行预处理，比如说将里面的筋膜都清除干净，并且在每份包装里都配有一块可供切割的硬板。

面对发展迅速的互联网消费，山姆表示并不担心，因为山姆会员们是不太会在网购日常用品上花费太多时间筛选比较的一类人，且通过互联网渠道销售的进口商品在品质上的不确定性正是其目标客户的痛点。不过山姆也在布局自己的线上购物渠道，并推出了网上购物平台和APP应用，而且只针对会员开放。线上平台的商品品类与实体店有60%是相同的，提供24至28小时之内到货的物流服务。沃尔玛中国山姆电子商务及市场部副总裁严海芸表示，由于生鲜类和低温类商品需要用具备冷藏和冷冻功能的存储箱运输，目前此类商品只针对北京、上海、广州、深圳、苏州的会员提供，其他城市的在线购买还只限于常温商品。

对山姆来说，挑战反而可能是越来越难以找到一个完全理想的物业环境。山姆对建筑的要求很高，需要9米的挑高，至少2万平方米的空间，配备有大面积的停车场，如在武汉的新门店里就配备了2000个免费车位。这在一定程度上制约了发展的速度。随着租金的不断上涨，门店的持有成本也会进一步增加。2014年沃尔玛宣布斥资6亿元在珠海自建以山姆会员店为主力店的商业广场，并且自己负责招租周边入驻的商户。不过山姆对此计划的回应依旧是限于个案和尝试，并不代表他们会向商业地产运营领域转移注意力。

58同城的下一座城池

从分类信息网站到做家政、搬家、美甲，58同城将下个十年赌在O2O。

《财经天下》/严冬雪　胡刘继

陈小华最近一次理发是在办公室里完成的。一家做上门理发业务的公司，找到这位新晋CEO，谈自己的创业计划，陈小华说："那我自己先试一次吧。"于是理发师便直接在他的办公室开剪。

理完发后的几天，办公楼外的广场上，巨型帐篷被支起，北京初冬的寒意中，陈小华正式对外宣布新公司——58到家，成立。和他一起切蛋糕的，是58同城CEO兼董事长姚劲波。

一个同城，一个到家，前者业已上市，后者则刚起步，身份完全独立，后者不受前者管辖，可直接向58同城董事会汇报。这个姚劲波决意做大的自营家政公司，仍由他本人担任董事长，不同的是，这一次的CEO是陈小华。至此，58同城的八年老将陈小华，其身份从58同城副总裁兼首席战略官，再添一笔。

"我每天不是被梦想叫醒，而是被阿姨叫醒的。"陈小华这样调侃自己。他手下的58到家公司，定位明确，自营上门服务的家政服务。为此，作为把控客户体验的管理者，他家门铃每天都被颈椎按摩技师、美甲师、钟点工阿姨按响……除了公司已经上线的小时工、搬家、美甲三大业务，陈小华还在不断考察更多的上门服务，比如理发体验后的下一尝试是：有上门配镜公司要来给他换副新眼镜。

新业务和新身份给陈小华带来的麻烦是：他每天得更早出门，怕被一大早就上门服务的58到家钟点工认出来。按他的原计划，是打算一直这样匿名潜伏着体验。做产品出身的陈小华，很在意这一点。

自2014年7月启动至11月发布，58到家已在全国20个城市提供包括保洁、美甲、搬家等近10项上门生活服务。按照官方数据，其运营仅3个月，就超过了主要竞品20个月的积累，旗下劳动者数量和日单量都达到了行业第一，总订单量月增速超100%。在2014年双十一活动当天，仅北京地区参与用户就超过了5.5万人。

"我把58到家看成是我们（58同城）的未来。"姚劲波告诉《财经天下》周刊，腾讯董事会主席马化腾、微信创始人张小龙的手机上都装了58到家的APP，他们也都是其用户。对姚劲波而言，58到家的成败是未来的关键："我确实看到了这个机会巨大无比，想它有一天可能会超过58同城，我们真的会在O2O这个领域投十几年。"姚劲波极尽真诚地强调。

⋮⋮ 想要培养手艺人

和百米外的58同城办公楼相比，58到家的总部多少显得有点局促。从前台到过道，地面被各种皮箱、双肩包堆满，里面装着美甲的瓶瓶罐罐，或是成套保洁用具。走过四五间培训室，入到最里的大开间，才是人们熟悉的互联网公司场景——成排的电脑和忙碌的年轻人。

比起纯互联网公司58同城，这里在做更传统的事情：招人、统一培训、测试上岗、将劳动者信息放到APP平台上，供客户预约；用工结束后，客户在线支付，58到家根据客户评分给予劳动者报酬。这一套流程，从劳动者端到客户端，完全打通，每个小时工、美甲师、搬家师傅的每一单表现，58到家全部掌握。一旦发生问题，管理者既能找到当事人，也能知道症结所在。

这解决了困扰姚劲波多年的问题。58同城作为信息平台，负责连接用户和大小企业商家，二者在平台上取得联系，线下达成交易，具体交易状况如何，则不由58同城掌控。平台上鱼龙混杂，一旦有人线下受骗，往往归罪于相当于"中介"身份的58同城，斥其是黑商家的保护伞。现今的区别是：同样是家政领域，人们可以在58同城上找到各种线下家政公司，或是个人保洁，再行交易。但在58到家，人们可以直接下单，预约一个来自这家新公司的小时工，完成服务。

58到家的这一模式被寄予厚望。"现在我可以说，你用我的保洁，99%不会出问题，1%出了问题我也能为你解决。"姚劲波对外拍胸脯道。他的信心大概来自于对全套流程的掌控，加上一点互联网做法，把好的劳动者推荐给用户，不好的屏蔽在平台之外。

根据58同城多年的数据积累，家政领域里70%到80%的用户最终都不满意，而上门做保洁的小时工里，有大概六成的人都会"磨洋工"，这一点最为用户诟病，也是传统家政公司的多年沉疴。

在58到家的筹备阶段，陈小华曾亲自体验了两次小时工服务，一次从所在小区的家政公司请人，一次从某"中国最大家政网上平台"预订，但两次经历均被家中丈母娘评为"痛苦不堪"。其中一位小时工，花了七个小时打扫他家厨房，比预订时间多出了四小时，而且还"不如自己擦的干净"。

　　做产品出身的陈小华擅于透过表象看本质：原有的钟点工激励机制有问题，按小时计费，难免"磨洋工"，加入打分体系，即可解决。比如：满分10分，客户评分8分及以上，劳动报酬全额付给小时工，还补贴奖励；6分以下，则扣除一定报酬，将该人从平台下线，不再给其派单，并要求她回公司重新培训上岗。"磨洋工"会引起客户强烈不满，被打低分，如此体系之下，无人会明知故犯。

　　比评分体系更重要的是技能培养。在陈小华看来，钟点工的收入之所以低，皆因其提供的服务不够值钱。而钟点工阿姨普遍得不到尊重，则主要是因为客户体验不好，很难给阿姨尊重。为此，像程序员、产品经理一样，保洁阿姨在58到家也被评级分层，一星阿姨只会普通扫地擦桌；二星阿姨则能帮雇主保养皮包、地板打蜡；三星阿姨则掌握了不同材质菜刀的磨刀技术……这些技能，全由58到家提供培训，只要阿姨愿意学，可以一直升到五星。按照预计，五星小时工月入可能达到15000元，二星则在六七千元。

　　邢凤英现在是这一体系的拥趸之一。这个35岁的北漂女性，4个月前成为58到家的全职小时工，只要有培训她都参与。她觉得自己想法跟别人不一样：有的阿姨觉得培训是浪费时间，不如去干活，但她想要学本事挣大钱。"我都35岁了，干保洁干不了多长时间，得学本领。"

　　入职第二月，邢凤英就学完了全部技能，她很快就揽住了一批老客户的心。现在的她每周三天接老客户的单，另三天则用来拓展新客户。每周休息一天，月入七千元。比起之前替人看孩子、打零工，邢凤英的收入提升了一倍。一次四小时的地板打蜡，她获得了600元报酬，而同样的收入，则需要做24小时的小时工。

　　按照她的规划，她还想学更多更高级的技能，成为专职带新人的带班阿姨——和新上岗的阿姨一起去客户家监督指导；然后更进一步，成为58到家的培训老师……到时候，她即将上小学的儿子就可以在家长会时说"妈妈是老师"，这样她儿子也便能更有面子。

若邢凤英如愿以偿，她几乎就是陈小华对58到家愿景的模板：培养手艺人，让他们有更多钱赚，唤醒他们对生活的热情，并赢得社会尊重。

比较特殊之处是，58到家与邢凤英这样的劳动者之间并非雇佣而是合作关系，58到家对劳动者进行筛选、培训、上意外保险、派单、提供劳动材料、考核并发薪，但二者无劳动合同，劳动者也可以接其他的单。

58到家的正式员工是那些在电脑前忙碌的年轻人，他们负责服务于劳动者，把来自网上的每一单派到劳动者手中，并负责与客户、劳动者双方沟通，获取劳动反馈。最终，该员工的业绩考核取决于三项指标：客户满意度、阿姨满意度以及订单数。不论是客户对服务不满意，或是小时工阿姨对待遇、收入不满意，都会影响到考核成绩。如果被劳动者投诉不被尊重，员工还面临被开除的境遇。

让陈小华感到欣慰的是，目前为止，和公司合作的阿姨们基本上都没有怨言，这一结果也在他意料之中。"想让农民工人跟着搞革命，必须把价值观说得非常清楚：打土豪分田地。"陈小华告诉《财经天下》周刊，从一开始他们就旗帜鲜明地告诉阿姨们，58到家不会从月入4500元的人身上挣钱，目标是让阿姨都成为有钱人后再挣钱。

在这样的目标之下，公司先通过统一培训改造阿姨，也就提升了雇主体验，订单量得以受到保障，最终，使得阿姨们收入提高，阿姨满意度也自然就不会低。

"我们不像传统家政公司，一开始就想管住阿姨。我们先将她们当做客户，给她好的收入与尊重，让她愿意信任公司，才会愿意守公司的规矩。"陈小华说，"一旦立好规矩，品牌便也做起来了。"

⠿ 第二名都很危险

陈小华这套简单的道理，在遍地创业的互联网圈里不可能没有同行者。姚劲波也清楚，生活服务行业没有秘密，大家能看到同样的东西，都是同样做法，即把信息服务升级到交易，最终闭环。所谓O2O，不外乎如此。"所以我不是看到了好的做法，而是看到机会，既然是机会，我没有理由不去把握。"姚劲波对《财经天下》周刊说，"我不相信别人能复制58到家。"

他的理由显得简单粗暴：派出了最好的人、最好的资源、最多的投入——未来三年不求盈利。且投入3亿美元，不搞试点，直接同时在20个城市启动，只因看准了。

一个圈内流传已久的段子可以印证姚劲波的这一行事风格：陈小华加盟58同城之前，原是58同城最大对手赶集网的人。这位骨灰级搜索引擎优化精英在半年内就使赶集网的流量增加了4倍，领先于58同城。为挖来这样的人才，姚劲波先用湖南老乡的身份套近乎，又找好友蔡文胜牵线，甚至以生日聚会为由将陈小华约到KTV，结果包厢里坐满了行业人士谈工作。但每次陈小华都是很直接地说"NO"。屡遭拒绝的姚劲波最后已经被陈小华拉入了黑名单，打不通手机，于是索性打到陈小华办公室的座机，告诉对方：我就在你办公室楼下，你若不下来，我只能进赶集网办公室找你了……

最终，陈小华在2007年被姚劲波收入麾下，成为得力干将，至今一晃已是8年。比起年长6岁的姚劲波，80后的陈小华在放松状态下会显得"萌萌的"。在摄影师面前，陈小华很配合地背起保洁阿姨的双肩包。拍完几张后，他开始自我发挥，露出格外雀跃的表情。

那只调动陈小华情绪的双肩包，里面装的是一套"单兵装备"，总价值五百元左右，包括工服、围裙、九块抹布、伸缩拖把、清洁剂等。但陈小华仍然对目前的装备不太满意，在他的构想中，工服还要分春秋两套，秋季工服要包含风衣，标准要按照航空或军队制服来做……

于是有下属问预算。他答，就一个标准，去调研原来阿姨们穿什么，我们的工服要比原来的好一点点，要阿姨们一拿到衣服，就知道被尊重了。

这段对标准的描述，在年长几岁的姚劲波口中则是："我们把中国的家政服务直接从大陆标准提到香港标准。"姚劲波指的是，他们从菲律宾家政培训机构请来资深老师，配上翻译，现场教授阿姨们菲佣的服务标准。标准细化到仪容装扮、如何敲门、穿不穿鞋套、带几块毛巾、哪个颜色毛巾擦哪里……

重金砸入的姚劲波其实不无担心。他赌上未来的58到家毕竟是新生事物，虽然中国服务业崛起与O2O都是大势所趋，挑战却在于谁能成为第一。"谁成为行业第二，可能就面临着非常大的风险。"58同城多年积攒的用户资源、1.5亿份劳动者简历，是如今入场O2O的优势，但这优势绝非一家独有。打车软件市场上快的与滴滴的长久厮杀，更令他忧虑如何才能做到第一，立住品牌。

毕竟，竞争对手也在做类似的事情。据赶集网CEO杨浩涌介绍，分类信息行业正处于年增50%的井喷时期，正当时，却也要往O2O演变。"分类信息从一百亿到万亿只差一个O2O。"杨浩涌在《财经天下》的异想大会上这样宣布。

比起58锁定的自营家政，杨浩涌决定将模式变得尽量"轻"一些：投资或孵化O2O创业项目。除了家政、美甲等，他还看好房屋装修、上门汽车保养等业务。跟老对手一样，他宣布将在明年投入1亿美元用于投资孵化。

按照杨浩涌的规划，他还要在明年抢占20%的二手车电商市场份额。就在58到家发布会后不到半个月，"赶集好车"项目上线。作为赶集网的首个O2O项目，其旨在撮合网络与线下交易，缩短中间流程。用户还可通过客户端预约上门洗车服务，省去线下洗车店排队的时间成本。对于这个项目，杨浩涌定下的目标是在明年覆盖20个主要一二线城市——与58到家上线直接覆盖20个城市数量不谋而合。

不是行业破坏者

面对58到家的汹汹来袭，入场更早的小公司们则各怀心事。

主打连接线下家政的"云家政"，是一个家政人员、公司信息统计平台。用户像网购一样在这个平台挑选家政人员或公司，完成下单，云家政则从每单中抽取佣金。

"这种模式行不通，我们不需要做个平台去卖烂萝卜，我们需要的是把烂萝卜变好。"陈小华对此直言不讳。在他看来，这类家政O2O平台只是提供了信息平台，本质和58同城多年在做的事情并无二致。由此而来的问题会是：平台只能保证家政公司不骗人，那如何保证其提供的服务不会是"磨洋工"？"58到家的自营家政模式，正是要挤掉这样的平台。"陈小华说。

另一些平台可能无法被轻易挤掉。同样自营家政的"e家洁"，做类似58到家的事情已经一年多了。于时间上而言，58到家只是个后来者。两家模式相似，都从线下找阿姨、培训、管理、跟踪反馈。就连对阿姨的年龄定位都近似：两家都更喜欢招45岁以下的阿姨，因为根据用户评价数据，这个年龄段的阿姨服务满意指数最高。

从公司规模上相比，e家洁并无优势，但e家洁联合创始人孙磊仍认为，58的入场对行业是个大促进。"他们加入后，整个市场从投资到用户，都对这个行业更加关注了。"孙磊告诉《财经天下》周刊，58入场以来，e家洁的增速反而提高了，公司注册用户有20多万，月活也保持在约30%的增速。

由于入行早，孙磊自认对58的优势在于其线下阿姨培训体系更成熟。目前，e家洁业务覆盖了8个城市，尽管数量上远不及58，但出于对家政行业市场规模的信心，孙磊认为行业离饱和还很远，财力也不会是导致落后的关键。

"（和58一样）我们也有腾讯的投资，钱很重要，但不是决定性的。"在孙磊看来，在家政O2O行业，更重要的还是整块家政服务的质量发展，这套需求时间和经验细磨的慢功夫，有再多钱，也没法像打车软件那样一下子烧出去，"所以我们不担心钱这一块"。

"有钱人"却不这么想。作为58同城首席战略官，陈小华从未放弃对同行的考察，"钱"在上市公司58同城手中，仍是一柄利器——投资与收购。"创业公司没什么好怕的，如果我打败了你，你可以卖给我们；否则，我们也可以卖给你。资产重组作为大公司的常规动作，随时可能被用在O2O公司上。"跟所有80后一样，陈小华也看韩寒的电影，他忍不住引用一句台词来总结对O2O的投资观念：只要我们自己的几个品类做大了，对其他的任何品类，都可以只谈利弊、不讲对错。

2014年上半年，58同城组建投资部，一路考察到现在，姚陈一行人已看了不下百个项目，最终结论是：在绝大多数O2O领域，投资是58同城的优先选项，而非自己去做。2014年10月，58同城尝试运营三个月代驾业务后，戛然而止，转而选择投资2000万美元给已经成形的网络平台"e代驾"。

姚劲波公开表示，在未来，58同城还会有更多O2O领域的投资，预计共计投入10亿美元，领域覆盖房产、汽车、招聘、装修、婚庆、旅游、教育、医疗，甚至是回收。

"我们不会认为自己无所不能，这个时代已经过去了。"姚劲波说，最终投资的领域会至少20倍甚至数百倍于58到家的领域——目前而言，后者只有保洁、美甲、搬家三块业务。

不过，这三大业务被选为58到家的主营绝非偶然。陈小华指出，保洁、美甲、搬家领域巨大的用户群是首要因素；其次，用户体验差、劳动者收入低，雇佣双方的痛点同时存在，这可经由58到家的模式一次解决；最后，58同城的平台拥有海量劳动者信息，即掌握了生产资料，也就有了最关键的切入点。作为被看准了的领域，保洁和美甲是陈小华绝不会松手的品类。至于搬家业务，由于暂无竞争者，更乐得安步当车。

关于1000万人的情怀

从58同城一手做起直到上市的姚劲波现在38岁，一不留神赶了个二次创业的潮流。在身边朋友看来，58到家是他的最后一次创业。更年轻的陈小华，也将之视作自己的最后一次。在陈小华心中，中国2500万家政劳动者，三四千元的月收入是亟待提升的——这事关生活水平，更关乎"尊严"。

"只有收入提高了，工作时间自由了，群体受到客户尊重了，劳动者才不会觉得自己low。"陈小华树立的这三大尊严标准，被作为目标在公司内执行。为此，他甚至设立了座次：客户、劳动者、客服、产品经理，最后才是管理人员。陈小华的经济学解释是：商业就是劳动者交换劳动价值的地方，当客户与劳动者都收益最大，一定会赢得全世界。这样的价值观足够朴素，而且容易被人理解。

"58到家如果不能获得投资方的认可，我们就会换投资方。因为我们觉得它有最朴素的价值观，理应得到大众的支持。"陈小华这番话听起来并不那么朴素，"我们未来意图解决1000万劳动者的就业。我们是真的有种理想在里面"。

90后搬家工人张钧大概是将陈小华的话听进去了。2008年高考后，他来到北京，当过保安，收过废品，最后成了每天在街头趴活的搬家工人。2014年7月，和几个趴活的朋友一起，张钧被地推人员招揽到了58到家。他很快发现这里不同于以前待过的任何一家搬家公司：员工总是在跟他们交流，问搬家过程中遇到哪些障碍，却从不开口说提成的事。公司派单、干活、收钱，完事后跟公司交流状况，张钧搬的每一分钱，最后都到了自己手中。5个月下来，他挣了7万块。

刚进公司的时候，有人给张钧倒水，然后匆匆赶回自己的办公桌。后来张钧知道，那是搬家部门的老大。"这种感觉不一样。"他回味这杯水。几天前，因为公司要拍宣传海报，张钧应邀赶去当搬家工人模特，最后公司给了他一笔钱，补偿他因此耽误的收入。如此种种境遇，令漂泊多年的他，头一回有了稳定感。"是一种暖暖的感觉。"张钧想了想，形容道。

拿着挣来的7万块加上一点积蓄，张钧买了一辆心仪已久的新车，换掉了此前破旧的小面包车。他把新车开来公司的那天，陈小华知道了他的故事。陈小华还格外留意到了一个骑摩托车来公司的保洁阿姨。在他看来，这都是劳动者收入提高、重拾生活热情的标志。

比起某些明星美甲师月入两三万的高大上——比如在日本学技术，提着LV、开着好车服务高端客户，陈小华更推崇这样的保洁阿姨："公司月收入第一的阿姨说，她的秘诀是从不拒单，不挑客户。有一次为了等客户回家，甚至在楼道睡着了。明星美甲师们的经历很难被复制，大部分劳动者会发现自己买不起车、拎不起LV。但这个阿姨的经历则更容易激励大多数人，让人知道只要勤奋、积极学习就够了。明星美甲师固然重要，但我们更需要大多数平凡人也能提高收入。"

为了这条"平凡之路"，58到家正在尝试从零开始培养每一个新美甲师，打造手艺人。比起"情怀"，陈小华更喜欢"信仰"一词。"6年前金融危机爆发，58发不起工资的时候，有人问，你爱这家公司吗？我说不是爱，但我信仰分类信息这件事，它让我们的生活变得更加便捷。信仰是可以毫无理由的，一旦到了这个地步，就够了。"陈小华不无感性地说。

在这"信仰"之下，58到家的员工给阿姨提供手部护理，为美甲师做颈椎按摩。公司宣布正式成立的当天，保洁预约爆单了。客服团队办公地因物业关系必须下班，58到家的总部办公室便临时化身客服中心，忙了一整夜。陈小华认为，这都是朴素的情怀在感染团队。"我们也许财富永远比不上BAT，但如果我们能解决1000万人的就业，我觉得这带来内心的骄傲是可以与它们媲美的。"

当然，这番说辞要令人相信，绝非易事。同做美甲O2O的知名创业人士雕爷，对58同城耿耿于怀。雕爷告诉《财经天下》周刊，他不信红口白牙地谈1000万人就业之事。"无数人在58同城上当，你姚劲波还是先解决这些问题吧！"雕爷直斥。

不过雕爷大约不知道的是，58到家的正式成立发布会那天，和姚劲波、陈小华一起握住刀柄切蛋糕的，还有保洁阿姨、搬家师傅的手。当时，已在纽交所敲过上市钟的姚劲波在想：如果58到家也有独立上市的那天，一定要让劳动者也登台，让他们去俯视世界。

"也许登台的瞬间，劳动者会感到不知所措。但那一刻，世界应该给他们一次俯视的机会，因为我们平时太多地让劳动者仰视我们。"陈小华说。

女文青的新衣

从一个淘宝起家的原创小众品牌走到今天，茵曼在电子商务大潮中顺流向前，演绎了服装零售行业的另一种生长模式。现在，已成为电商原创女装翘楚的它，接下来要面临的是线上渠道流量红利的削弱和线下竞争对手的疯狂反扑。

《财经天下》/冯超　王卜

为了延续去年"双11"的成功，电商女装品牌茵曼的创始人兼CEO方建华在2014年"双11"之前办了一场别出心裁的"云端时装发布会"。他计划在10月10日那天，在广州中华广场上，让模特们坐在天空中飘浮的热气球上展示茵曼服装。同时，所有场景都会通过网页实时直播，用户还可以用鼠标参与互动，决定热气球升空的高度。2013年"双11"时，茵曼以1.2亿的销售额夺得了女装品类的销量冠军。

精心策划的发布会却在"升空"当天遭遇了不愉快的小插曲，满怀期待的观众们没看到惊艳绝伦的场面，网页上只有空白。"哎，技术故障。"方建华赶紧在个人微信上道歉，并立即让IT部门连夜排查、解决问题。5天之后，热气球终于升空。

不过，相对于2010年第一次参加"双11"时的IT系统崩溃，时装发布会出现的技术故障就不值一提了。彼时，茵曼在淘宝商城上（现改为天猫商城）IT系统崩溃，出现了很可能会被淘宝封杀店铺的超卖事件。焦虑的方建华和员工们熬了两天两夜，才平息危机。"当时感觉就像发生了地震。"不久前，方建华坐在办公室里接受《财经天下》周刊采访时回忆，时过境迁后他的语气中透露着轻描淡写。方建华留着光头，身材瘦小，黑色、宽大的棉麻混纺长裤让他身上多了些"文艺范儿"，因为所创办的企业的风格，他也被外界称作"棉麻艺术家"。

从一个淘宝起家的原创小众品牌走到今天，茵曼在电子商务大潮中顺流向前，演绎了服装零售行业的另一种生长模式。从1998年就开始从事外贸行业的方建华在6年前创办了茵曼女装品牌，生产和销售主打棉麻、文艺风格的衣服。凭借着原创设计和对IT系统的重视，茵曼很快杀入了中国线上女装品牌的第一阵营。2012年末，方建华收购了另一家同样走文艺路线的淘宝女装品牌初语，开始了集团化的运作，两个主要品牌在2013年的全年销售额达到11.2亿元。值得一提的是，茵曼还成为阿里巴巴招股说明书中唯一入选的女装品牌，被拿来论证阿里生态系的成功。

很遗憾，这样的巅峰状态持续得不够长久，绚丽的热气球与模特也没能在今年"双11"保住茵曼的地位。全民狂欢购物节落下帷幕不久，淘宝统计数据显示，在2013年以400万销售额之差而屈居第二的女装品牌韩都衣舍在今年成为"双11"女装冠军，且销售额达到1.98亿元。茵曼则以9585万元的成绩降到第三。这个筹备一年、苦战一天得来的数据与方建华制定的2亿销售目标之间存在着不小的差距。方建华的助理徐显灵说，活动期间流量分散，店铺的流量不如往年，"说实话，结果不太满意，我们预期起码比去年要高的。"

但这还不是茵曼面对的最大难题。一个无法忽视的现象是，2014年"双11"销量排行榜中，男装前十名是清一色的传统服装品牌，而去年女装类前十都没有挤进去的优衣库，在2014年跃居销售额第二位。这说明对于电子商务这个新兴渠道，线下服装品牌已经从过去的忽视、抵抗，转为积极跟进和投入了。

诞生在电子商务时代的茵曼和韩都衣舍等品牌有天然的"互联网基因"，但他们在品牌影响力上的积累却仍然远落后于实力更强的大型服装集团。从这个角度来看，茵曼的对手绝不只是韩都衣舍们。"我比较担心的是像ZARA、优衣库这些国际快时尚品牌。"方建华说。他需要考虑的问题是，"淘品牌"们的生长空间正在逐渐被挤压，互联网时代为它们敞开的这一扇时间窗还剩多久？

⠿ 小众品牌成长史

在广州市海珠区海珠创业园内，茵曼的办公室分处两栋年代久远的楼内。楼外的世界是被烈日炙烤着的、稍显破败的建筑物，楼内的世界则处处打上了文艺的标签：一架古老的手工织机、一个可以手工制作陶器的角落、一排排竹篱笆隔断墙和红砖砌成的花槽。

三年前，办公室的墙壁上多了一张巨大的人脸油画。这是一张由茵曼设计师创作、但略显怪异的作品。黄色的底色上，正中是一张拼接的人脸：左边是马云的半边脸，右边则是方建华的半边脸。马云对于方建华的意义不言而喻。为了见证阿里巴巴的上市，从来不穿西装的方建华破例买了两套西装。"据说马云现在都准备穿西装了。"在阿里巴巴IPO期间，他还写了一篇长文感谢马云。

方建华第一次见到马云是在2005年，当时阿里巴巴在广州召开第一届网商大会。作为一家棉麻外贸服饰加工厂的老板，方建华在听马云讲完后立即加入了阿里巴巴"诚信通"，在网上做B2B生意。2008年，金融危机造成外贸不景气，方建华便将业务交给他人负责，自己注册了主打棉麻风的女装品牌"茵曼"，既做线下批发，又做淘宝店。但他发现线下的经销商也在淘宝卖，而且价格比他的便宜。当年10月，方建华取消了批发环节，并入驻淘宝商城。

刚开始在互联网卖货时，方建华为了吸引客户，也采取低价策略，不过消费者往往买过即忘。方建华便琢磨着怎样提高顾客的重复购买率，让他们记住茵曼这个品牌。为此，公司的品牌部进行了几轮头脑风暴，最后决定以棉麻材质作为定位，而且在视觉符号上启用"麻花辫"这个元素。绑着麻花辫的模特们画着暖调妆容，展示出与大自然亲密接触的姿态，文案以及界面设计上也文艺味道浓厚，让茵曼这个品牌的辨识度大大提高。

"茵曼的定位是30岁左右的女性，很多人认为我是疯子，说怎么会有人在网上买这么肥大的衣服。"虽然前三年都在亏损，但方建华认为，电子商务环境尚处于初级阶段，整个淘宝女装中充满着浓浓的韩装风格，网购客户年轻人居多。但互联网用户都希望买到特色的产品，茵曼的原创文艺风格恰能够满足他们的个性化需求。"扎着麻花辫的形态，看看民国甚至工农兵时代，这都是文艺青年的象征。"

2010年"双11"茵曼遭遇的IT系统问题曾让方建华很崩溃，但也让他见识到了电商的威力。那一天，茵曼销售额为680万。2010年全年的交易额则超过了7000万，茵曼实现了收支平衡。从2011年开始，方建华下决心把公司做了十几年的外贸业务彻底砍掉，一心做电子商务。现在除了天猫旗舰店之外，茵曼还以一个有辨识度的品牌进驻到京东等其他平台。

上市公司朗姿女装电商事业部总经理陈曦与方建华认识很久，他一直在观察茵曼等互电商品牌的运作。他认为，茵曼发展至今得益于小众的定位以及首批进入淘宝平台所享受的资源优势。"它能通过互联网找到天南地北的消费者，前两年流量红利带来的网购用户和消费额度的激增也给了茵曼足够的发展空间。"

::::: 传统企业来敲门

互联网原生品牌的崛起必然也引起了传统服装企业的注意和好奇。2014年3月份，在北京举办的一场大型服装论坛上，方建华就受到了意料之外的热烈追捧。主办方原本将他的分享讲座安排在了晚上，不料演讲刚完，台下的服装企业老板们抢着话筒发问，以至于主办方为没将方建华的讲座安排在黄金时间而连连道歉。

传统服装老板们的日子的确不好过，他们因此更加迫切地希望在线上渠道取得突破。数据显示，2014年第二季度纺织服装全行业上市公司收入下降了4.30%，净利润下降了2.37%。除了经济疲软之外，电商的冲击也是主要原因。那些被方建华形容为"神秘、上了年纪"的传统企业老板们，开始大谈互联网思维，并决定登门拜访茵曼。

方建华现在一个月会跟传统服装企业的老板交流两三次。年初美特斯邦威的董事长周成建也低调来到茵曼。"他的问题是邦购网（美邦自有电商平台）为什么没有做起来，而我们做的电商为啥这么火，"茵曼运营部主管善登说，"美邦想了解公司的客户管理措施，电商的服务很微妙，客户评价会影响走量。"

欧时力女装的老板则是带着十几个高管过来的，挤满了茵曼的会议室。"我们的团队很年轻，欧时力都是四五十岁的领导，对比非常明显。"善登说，他们跟欧时力的团队交流了一个多小时，"大公司很想了解我们的文化和运营机制。"

在茵曼，80后员工居多，他们工作日到公司首先要跳广播体操。类似于阿里巴巴的武侠文化，方建华建立了"堂口"文化，"堂口"名叫"茵花祠"，下设9个分支，员工们可以根据自己的爱好加入不同的堂口，每个人的花名都由唐诗宋词中挑选2个字组成。

在运营架构上，茵曼采取的是扁平化管理。通常一个决策从制定到实施最短只要十几分钟。方建华的办公室就在茵曼的运营中心旁边，他有时甚至会直接冲到员工的电脑旁，拿着产品指导员工确认细节，做出修改。从设计师到老板，每个月要看上万条的评论，并且对顾客咨询、售后问题进行归纳，从中捕捉顾客尚未被满足的需求。

陈曦认为，茵曼重新定义了客户价值，"线下品牌就是发会员卡，之后就结束了"。

"传统企业的问题就是距离消费者太远，没能及时掌握消费者的动向。"方建华说。传统品牌决策需要经过层层审批，很多企业有很多独立的子公司，相对来说，电商品牌管理架构的扁平化能提高效率。

另外，方建华本人还通过社交平台跟消费者打成一片，他微博、微信的更新速度俨然就是一个互联网深度用户，他更会利用互联网的放大效应做病毒营销。在2013年的"双11"预热阶段，他跟阿卡、裂帛等互联网服装品牌合作，在东方卫视投放广告，并在微博制造反常规的"光复单身"等话题，这些做法也让茵曼拿到了营销领域的一个奖项。"我认识的一个服装老板，就是不服气啊，单天投放了几十万的广告，但就是换不来销售额。"方建华说。

方建华跟陈曦最近一次接触是在《女神的新衣》节目录制现场，这档节目以"24小时制衣+T台秀+竞拍"等环节组成。茵曼、朗姿和另外两个传统品牌组成的买手团通过竞拍的方式争夺明星和他们专属的设计师在24小时内所制成衣服的版权，观众们则可以在观看节目的同时在天猫商城立即购买这些商品。

为了做好营销，公司还为处女座的方建华做了节目形象定位：追求细节、吹毛求疵。在买家竞价完毕之后，他会突然冒出一句："我还可以再加价吗？我可以上去摸一下衣服的面料吗？"因此网友们也评价他为"最逗比"的抢镜王。

陈曦说，线下的品牌比较正面和传统，"茵曼利用病毒营销，利用电视节目，把老方（方建华）打造成一个话题人物。"这是传统品牌需要向茵曼学习的地方。

实际上，节目组找方建华合作，也是看中了茵曼的供应链速度。据了解，《女神的新衣》每一期录制和播出之间相差一个月，在短时间内达到量产对供应链有很大的挑战，所以能够满足节目要求的服装品牌非常少。

最近三年来，方建华花了一半的精力来提升供应链水平。此前，茵曼有30%的款式都是通过快速供应链制作出来的，虽然反应迅速，但质量并不稳定。2013年6月，公司投入了500万元建立面料实验室，包括耐洗色牢度试验机、织物强力机等设备，在设计开发的前端检测面料，从而保证产品质量。他还对供应商进行了淘汰制考核，严格审查供应商的资质，优化生产下单流程。他甚至还从当地公安经侦大队挖来专业人士，严防公司采购中出现腐败问题。

在茵曼，企划部门跟传统服装品牌一样，需要提前一年做设计方案。不过，它可以结合300多万的会员数据，做预测和主题开发。他们发现，客户类型中教师、公务员以及自由职业者最多，并且都喜欢旅行，因此2015年的设计就以台湾这座旅游城市为主题。针对当季销售的爆款，茵曼能够及时地加单再生产。现在，茵曼能够在10天之内完成从服装面料下单到入仓的全过程。去年茵曼的库存率控制在10%。

传统品牌在生产之前一般会采取订货会的方式，由各个地区的代理商根据以往当地的销售预估决定订货的数量，这种不准确的判断与消费者之间的需求会形成误差，这也是服企近两年来库存高企的重要因素。

虽然茵曼具备很多传统企业值得借鉴的优势，但是它的成功根源还是在于互联网生态，是借助互联网将线下的小众市场做成了一个大的市场。陈曦就认为，传统品牌如果学习茵曼的小众风格肯定会死掉。"线下的品牌，需要在店铺辐射的周围吸引更大的客流，定位上要满足大部分人的需求，每个店铺都要挣钱，小众的定位会降低客流，茵曼的打法，传统品牌复制不了。"

方建华自己就曾经吃了这个亏。2011年，茵曼开始把几十家店铺开在山东、内蒙古、黑龙江、安徽等地方。然而，实践的效果并不理想，半年时间内茵曼实体店计划告吹，店面全部关掉。另外，在短时间内崛起的电商服装品牌根基不够深厚，陈曦曾经拜访过数家电商服装品牌公司，详细交流后得知，很多企业连完整的账目都没有，他认为拿不出财务意义上的盈亏平衡的企业，是没有竞争力的。

"棉麻艺术家"的恐惧

2014年年初，方建华在公司内部的会议上透露了自己的恐惧。第一个是，移动端流量已经占到了店铺流量的60%，交易量达到了40%。第二个是，方建华担心茵曼在社交媒体上无法与消费者做很好的互动，跟不上消费者的步伐而被遗忘。

为此，他开发了茵曼自有的APP。方建华说，成立移动事业部的目的是激活用户，增强品牌与用户之间的黏性，目前没有销售业绩的考核。前段时间，他还把这个事业部搬到园区另外一个300平方米的办公室。"我们所有的同事还是习惯于用PC端的思维经营品牌。离开现有的办公室就是为了让移动事业部跳开PC端的思维。"

方方面面的挑战也越来越多。被方建华批评的那些只将线下货物搬到网上，只为去库存而忽略网民个性化需求的传统服装企业也在悄悄变化。"以前传统服装品牌的高管跟我们交流，主要围绕清仓，但是2012年之后，我们发现很多线下品牌开始上线了专供线上的商品。"善登说。

2013年天猫女装类目有一万多家店，到2014年秋天已经是2.9万家。"客户不会无限制地增长，流量红利已经过去。天猫商家不断膨胀，流量在内部的商家中分配稀释，想要获得增量，茵曼的营销成本会逐渐增高。"陈曦说。

电商分析人士鲁振旺表示，这几年淘宝的用户都以20%的速度增长，小众市场的网络消费人群自然会增长。"2015年年底PC端的红利可能会消失，移动网购的流量红利出现三年多了，也会慢慢消失，但在这个之前茵曼还是可以成长的。"

陈曦还认为线下品牌会碾碎电商品牌。"如今的天猫市场，男装销量排名前50的都是传统的品牌，这说明消费者对传统品牌的认知依然很强，传统品牌的线上爆发力越来越大。互联网原创品牌没有任何机会的，只是女装细分度高，存活周期稍微长一些。"

即使没有线下的反扑，电商品牌们自身也存在问题。据媒体报道，2013年年底，被喻为销售晴雨表的淘宝指数显示，"淘品牌"的代表性用户量急剧下滑，只相当于2011年高峰期的30%。红极一时的麦包包、芳草集等互联网品牌现在几乎被遗忘。麦包包2007年从箱包贴牌企业转型投入天猫后，在2010年销售额过亿。它的大跃进也引来了多轮融资，麦包包创始人叶海峰在手握巨资的情况下，在2010年和2011年展开迅猛的舆论攻势和品牌扩展。不过，企业发展的失控让麦包包库存积压，2012年它开始大批裁员。

方建华认为公司能躲过劫难是因为忍住了贪心。"淘宝有很多品牌，店铺流量多了之后就拓展十多个品牌，他们都是因为不聚焦，最终跌了跟头，我们比较慢，不冒进。"可他现在也意识到单一品类存在的天花板。茵曼逐渐拓展了女鞋、女包等配饰业务，2012年末还收购了另一家风格相近的电商品牌初语。

与此同时，他还在试图从理念上拓宽茵曼的空间。"老方觉得在互联网上卖棉麻材质太小众了，想让茵曼的品牌主流化，顾客群可以更加宽一些。"广州尚道女性营销公司前董事长张桓回忆说。服装行业的本质是卖生活方式，可能有人不喜欢棉麻，但没有人不喜欢在快节奏的生活方式中慢一些。所以他给茵曼的建议是围绕"慢生活"做营销，达到消费人群主流化的目的。2013年年中，方建华采纳了这个建议。

2014年3月份，茵曼又推出了高端品牌"生活在左"，重金引入海归设计师参与产品的设计和开发。对于这个刚刚试水的品牌，陈曦认为它拥有一个致命的问题。"这是茵曼从积累的300多万的客户群中筛选出收入比较高的一群人，这并没有拓展出新的客户群，多品牌策略需要做到用户的区分。"几个月前，方建华还跟香港的设计师展开了合作，他还准备打造一个开放的设计师品牌孵化器。

在方建华的构想中，公司的目标是保持每年30%以上的增长，到2016年要发展10个左右的子品牌，2014年，集团的销售额增长到15亿元。他最近正向小米科技学习经验，讲述小米营销之道的书籍《参与感》他看了两遍，书中多处还被做了标记。"茵曼还没有像小米一样，让消费者重度参与研发。"而他也有一本书将要出版，内容是茵曼迅猛发展的秘诀。

经纬押注移动互联网

投出下一个马化腾很难，但投出另一个周鸿祎级别的，我觉得在中国还是有很多的机会的。

《财经天下》/朱晓培　胡刘继

2014年10月中旬，经纬创投在宁波举行了一次闭门年度总结会议。为了防止会议内容泄露，员工们的手机都被要求上缴。

不过，还是有消息被泄露出来——管理合伙人张颖总结全年的工作时说，投资布局够凶悍，目前看投资的190家公司不好的只有1家半，"整体好得令人发指"。

在宁波会议前不久，《财富》中文版发布2014年"中国40岁以下商界精英"榜单，经纬创投大出风头。第5位猎豹CEO傅盛、第10位陌陌CEO唐岩、第15位猎聘网CEO戴科彬、第28位口袋购物CEO王珂——都是经纬创投在移动互联网领域所投的CEO。

经纬创投合伙人万浩基则位列第23位。"入选的原因，大概就是我还不到40岁。"万浩基半是得意半是调侃地对《财经天下》周刊说。

如今，经纬创投是目前国内投资移动互联网项目最多的一只基金。陌陌、口袋购物、快的、友盟、Nice、辣妈帮、美柚、Camera360、e代驾等稍微知名的移动互联网公司都有这家基金的身影。2014年至今，经纬创投又投资了50多家创业公司，累计投资的公司已达190多个。

不过，作为一家专注于早期投资的公司，经纬创投曾接连错过京东、唯品会、聚美优品等公司。现在，经纬创投该如何让自己不再错过下一条大鱼？

⁞⁞⁞ 狂投移动互联网项目

从2010年到现在，经纬创投投资的移动互联网项目已经超过150家，论数量已远超其他基金。万浩基的解释是："机会很多，我们又懂。"

经纬创投的投资方式，带有浓重的美国味道。他们几乎每周都会总结美国市场最新的投资和创业案例，进而在中国市场上寻找对应的行业并予以判断。他们现在盯得最紧的是移动互联网领域。

三四年前，当iPhone、HTC等智能手机开始在中国流行的时候，经纬团队就察觉到了其中的机会。仅在移动社交领域，经纬创投就投资了包括主打陌生人交友的陌陌，偏重母亲交流的辣妈帮，针对年轻女性的美柚，中国版LinkedIn——人脉通，以及图片社交网站Nice等十几家。

"我们为什么这么喜欢社交（类公司）？从国际上看，Facebook、腾讯中国的市值都已经证明了社交的价值。"万浩基认为，"每个人都同时兼具多重身份，因而需要多种社交场景。社交以前可能是一家通吃，今天只要你在自己的垂直领域能够做到最好，就能够做出自己的一片天空来。这片天空有可能比你、比我想象中的都要大。"

目前，越来越多的社交类公司正在展现其价值，LinkedIn估值约300亿美元，YY的市值也达42亿美元。

11月8日，陌陌向美国证券交易委员会提交IPO（首次公开募集股份）申请，计划在纳斯达克交易所挂牌上市，拟公开融资3亿美元。招股书首次将陌陌的股权结构对外曝光：创始人唐岩是IPO前的最大股东，占股39.8%；阿里巴巴是最大机构股东，占股20%；经纬创投紧随其后，占股19.9%。

现在业内对陌陌的估值在30亿美元左右。陌陌的上市，算是经纬创投"又懂"的一个证明。2011年，市场上出现了两个后来改变社交格局的产品：微信和陌陌。然而在当时，基于腾讯的垄断地位和复制能力，人们一直坚信社交会保持腾讯一家独大的局面，看好陌陌的人并不多。陌陌CEO唐岩也曾调侃："我也觉得生不逢时啊，陌陌8月3日上线，微信前一天就推了'附近的人'的功能。"

经纬创投第一个与唐岩见面的合伙人王华东的最初感觉是，"不懂陌陌要做什么"。不过，在一定程度上，万浩基、张颖和唐岩都属于同一类人：活泼、不世俗和对世界充满好奇。所以，当万浩基见到唐岩的时候，两人聊得异常顺利。而且，万浩基非常喜欢陌陌的设计。

"现在，基于这个（对陌陌的投资）成功后，我们就在这个领域更多地看机会，发现其实每一个垂直领域里都有社交属性的存在。"万浩基说。

随着移动互联网的快速发展，经纬创投也在内部进行了分工，以求做得更加专注。经纬创投开始聚焦于移动社交、互联网金融、智能硬件、O2O以及企业级服务等领域，每个领域有三到五个人员共同负责。

"你在外面听到的关于经纬的声音，除了'投了很多、很凶猛'外，可能还有一个关键词——'专注'。我们很懂。"万浩基说。

张颖给经纬创投设定了一个底线：情愿判断失误、错过，但必须看到过并且与创业者交流过。"我不接受一家非常好的公司，倘若我们没有见过。"

经纬创投硬件领域投资经理冯大刚到现在已经看了500多家相关的公司。"当你看了超过300、400甚至600家公司的时候，你肯定比其他人都更懂。"万浩基说，"你再去跟创业者聊天，他会觉得你很懂，是一个高质量的投资公司，他就会愿意跟你合作。"

图片分享应用Nice的CEO周首非常认可这一点："我其实见了中国所有主流的VC，我为什么选择经纬创投？坦白来说，经纬给我们的价格也不是最高的，但是经纬是我最聊得来的。"事实也证明，经纬创投确实给了他很大帮助，包括后来他的技术合伙人，都是经纬创投帮助他筛选推荐的，更不用说帮助寻找和挑选A轮融资的投资人了。

2014年7月，Nice宣布完成B轮融资2000万美元，由H Capital领投，VY Capital、经纬创投和晨兴创投跟投。"我们最开始的时候是不是吃亏了？我觉得一点都不亏。我觉得有了他们在最初的那些帮助，我才走到现在。你真的要去找到跟你对路、能够懂你，能够愿意去容忍你的错误、你的缺陷，帮助你一步一步发展的投资人。"周首说。

曾与经纬合伙人邵亦波共事过的宝宝树CEO王怀南也表示，投资公司看的东西多，虽然看得浅，但有总结规律的能力。他们分享的这些经验对于创业公司，尤其是转型期的公司来说，很有帮助。

为了更多地看项目，经纬创投近几年招聘了大量的投资经理和分析师。在内部，这被称为"人海战术，以量取质"。目前，经纬创投的投资团队有27名员工，其中合伙人9人。

在万浩基看来，经纬创投采用人海战术的一个原因是中国的人员工资比美国便宜很多。而人多的一个好处，是能够花更多的精力去帮助已经投资的创业团队。

36氪的创始人刘成诚提到，有一段时间，36氪内部出现了一点小问题，经纬创投便派人每天到公司与员工一起开会，直到公司重新走上正轨。对于其他规模较小的投资基金来说，很难做到这一点。

经纬创投能有多看、多投的底气，来自于基金规模。目前，经纬创投管理着3只美元基金，约12亿美元；2只人民币基金，约1亿美元。对于偏重于早期投资的经纬来说，足够投资很多公司。即使按照每家500万美元（对于C轮前的早期投资，这并不是一笔小数目），也足以投资220家。

"很多基金一年只能投十几个项目，但我们能做30个项目的话，互联网金融、智能硬件、O2O、企业级服务和社交都可以做5个，这样，你才能有足够的胆量和足够的机会，让你更专注。"万浩基说。

⠿ "投人"还是投市场？

"投资即'投人'，不投市场和技术。"因为投资过乔布斯而出名的天使投资人李宗南的这段表述，被投资界奉为圭臬。

在梯子网关闭前的一个分享会上，CEO龚海燕描述了她对梯子网未来的设想，虽然在座的投资人纷纷表示不看好梯子网，但还是表示愿意投她。著名天使投资人徐小平说过一句投资界人尽皆知的话："龚海燕做什么我都会投资支持。"

但是，龚海燕的梯子网还是失败了。那么问题来了，到底是因为看好这个市场，还是看好这个创业者才去投？

面对这个问题，万浩基沉思了一下说："他有机会能做到这个行业里的第一，才会去投。"

在经纬创投决定投资Nice前，周首与经纬创投的投资负责人见过7次面。"他们一直不投资我们。我每次被拒绝的时候，我都会问自己，为什么他们不投我们，为什么别人很容易就拿到了钱，我们就拿不到钱？"周首后来反思，他最初急于融资的原因是需要钱，但却没有想明白产品的下一步需要做什么，融到的钱该用到什么地方。当他把后面的问题想清楚后，经纬创投自然投资了他，并且已经陪他走过了三轮融资。

"我们每天在看项目，某种程度上也在看人，看这个人适不适合去做这个产品，他是否在里面是一个很核心的用户。"万浩基说，无论唐岩还是周首，都是自己产品的核心用户。比如周首家中有400双鞋子，他懂得经营潮人社区的原因是他本身就属于这个群体；而唐岩也曾经是BBS与聊天室的重度用户。

"当你真的要去做一件事情的时候，你是真的要懂用户群里面的核心需求。如果你不是，就不要做了。"万浩基说。

不难发现，经纬投资的创业公司CEO们，大多拥有良好的背景。陌陌CEO唐岩创业前是网易总编辑，宝宝树CEO王怀南曾做到了谷歌中国的中高层管理者，猎聘网CEO戴柯彬曾任宝洁公司大中华区品牌经理，积木盒子CEO董骏不但拥有华尔街投行的经历而且创业过一次。

"我希望他们都是大公司出来的，在里面打过仗，做过事情，而不是一张什么都没有试过的白纸。"万浩基说，"虽然苹果、谷歌、Facebook等公司的成功，证明了辍学创业的可能性，但这在中国很难行得通。中国的竞争环境太激烈了，一个没有在市场里打过仗的学生，你真的不知道外面的市场有多么残酷。"

事实上，即便与几年前相比，今天的创业环境也发生了很大的变化。2005年，杨浩涌创立赶集网。他说，那个时候市场上几乎没有什么竞争者，即使方向一时错了也没关系，慢慢摸索和调整就可以了。"但现在，市场留给创业者犯错的时间越来越少了。市场竞争越来越残酷。动不动就是五六家'哗'地一下起来，然后拼融资。"杨浩涌感叹。

在商界摸爬滚打了近十年的杨浩涌，看见滴滴打车与快的打车的价格战也感到心惊肉跳。"我们投资商也在滴滴打车董事会里，真的是（一个投资商）一天需要补贴好几千块钱。"

不过，作为快的打车投资方的经纬创投并不为烧钱感到担忧。"放在三年前，我会很担心。可今天，我一点都不担心。"万浩基认为，就像当年的京东或者美团，虽然都经历过惨烈的价格战，但他们最后都做到了"剩者为王"。在某一个时间节点，用资金去换取市场规模是值得的。

虽然带有典型的美国作风，但作为投资者，经纬创投还是怕创业者盲目跟风。"在美国成功了，在中国做了一个copy，这件事情我不抗拒。"万浩基表示，人的需求都是一样的，由于美国的移动互联网业务比中国更发达，所以，创造性的项目也就更多。

在Instagram刚火起来的时候，国内出现了一堆图片网站，其中包括最早的Nice。但三年后，除了Nice成功转型外，很难再见到其他

Instagram的模仿者。万浩基认为其中的主要原因就是，他们没有理解Instagram的精髓并把它落地。"我最抗拒的，是盲目的copy。"

⠿ 与创业者形成共鸣

一直以来，经纬创投给人的印象，也有别于其他创投基金。

同为投资界翘楚的红杉、IDG经常出现在媒体上，李开复、徐小平等天使投资人更是频频出现在公众视野中。但是，经纬创投的合伙人很少出现在创投行业的大会上，也不怎么接受媒体的访问。

在同事眼中，合伙人邵亦波十分低调。张颖则是个工作狂，忙起来有时会直接睡在办公室，但他还是会抽出大量时间在全球各地骑摩托车，并且高调地在微博上晒照片。万浩基不怎么更新微博，但却是所投资的陌陌、Nice的活跃用户。

在张颖看来，一个好的天使跟早期投资人，最需要的是能与创业者形成共鸣，不能给人一种高高在上的感觉。目前，经纬创投的投资团队有40多名成员，而一年要见面的创业公司有4000至5000家。按照2014年已经投资的50多家公司算，投资率也仅为1%。"见100家公司之后投1家，当对其他99家说不的时候，你必须要做到把握好细节，让人家感觉能做到最好。"张颖说。

一直以来，创业者在接受了投资基金的投资后，再与投资方负责人交流时，多半是在董事会、电话会议等正式场合。但是，经纬创投的投资人更喜欢放松的环境。"对我们，开会就是聊天喽。"万浩基说。

万浩基与创业者的交流多半选在喝咖啡或者午餐时间。积木盒子

CEO董骏与张颖第一次见面的时候，张颖就一边吃着公司的盒饭，一边跟董骏聊天。

为了方便员工吃饭，经纬创投雇了一位阿姨，负责每天给员工做午餐。"至少不会担心地沟油问题。"一位同事说。此外，经纬创投还配备了一位医疗服务人员，一旦员工有需要，她可以帮助联系到国内的任何医生。

"经纬是不一样的烟火。"积木盒子CEO董骏说。9月10日，积木盒子完成B轮融资，由小米公司领投，经纬创投为本轮第二大投资者。此前，有二三十家投资公司的负责人都找到了董骏，表达投资的意愿，包括万浩基。

"我们希望做得不一样。"万浩基听了董骏的评价后，颇感得意，"我很喜欢这样的评价。投资基金最重要的是得到创业者的认可。"

在与董骏第一次会面后，万浩基给董骏发了一条短信说："我知道很多投资人在搞你，我也就不想搞你了。但是我们真的不一样，很哥们的那种。"在一番权衡之后，董骏最终与万浩基签订了投资协议。

张颖对董骏说，他最看不惯那些搞创业者的人："谁搞创业者，我就去搞谁。"作为创业者，张颖的表态，让董骏感到安心。

2008年，傅盛负气出走奇虎360后，张颖第一时间找到了傅盛，邀请他加入经纬创投。当时正值金融危机，张颖和邵亦波告诉傅盛："金融危机对投资可能是一个机遇，而且要坚信金融危机一定会结束。"

金融危机期间，经纬创投共投资了十几家公司，其中包括宝宝树、暴风影音、世纪互联、安君客、泰康人寿等，从这些公司后来的表现看，经纬创投判断对了。

"他在我最困难的时候一直在支持我，从融资就开始支持我，支持我们（可牛与金山网络）合并。"傅盛经常在各种场合表达对张颖的感谢之情。因为支持傅盛，张颖甚至收到过威胁短信，但他并没因此动摇。

口袋购物CEO王珂也感受到了来自经纬创投的诚意。专做移动端购物的口袋购物从2011年9月一上线，就被一些电商看作是潜在的威胁，因此也遭受了各种打压，但经纬一直在背后支持王珂。

"我们是口袋购物的第一轮投资者。后面的投资者可能更有钱，但不会像我们一样跟他们一起经历过很惨烈的时期。"万浩基说，因为经纬创投以早期投资为主，与创业者成为亲密伙伴也就顺理成章。

"你知道，他们这帮合伙人是特别酷的。"董骏说，他能感到经纬创投的合伙人确实把自己当朋友，"不给我添乱，而且提出来的东西常令人耳目一新。"

"我们经纬做的事情永远跟其他人不一样。"万浩基说。而张颖则告诫他的同事们："要保持独立思考的空间、时间，让自己沉下来，有耐心。不要参加无谓的聚会和社交，没必要。"

⠿ 广撒网，耐心等

不久前，张颖接受王小丫采访时说："现在我投了180家公司，你跟我说最好的公司是什么？你说10家出来，我说10家。等到三年之后，这10家可能完全变样了。有可能只有三四家是好的，另外6家最好的公司又变了。所以说，我现在只想投靠谱的人，让他们能继续做今天他们想要融资做的事情，然后给他们足够的支持，耐心等待。"

目前，经纬创投有两只人民币天使资金，约1亿美元，这两只基金是常青基金，也就是没有年限，赚了钱仍然会继续循环滚动投资。"因为这些钱是我们合伙人的钱，我们有做天使的意愿。我们把它当成团队练兵的地方。"张颖说。

在美国，许多二级市场基金根本不会去关注10亿美元市值以下的股票。因此，经纬创投对于投资的公司的建议就是：没有达到10亿美元市值的时候，不要去美国上市。

虽然经纬创投早先投资的手机游戏公司，像EGLS和iFree非常赚钱，但这类公司很难独立上市。直到2012年，经纬投资的众多公司里，还很难看清哪家能成为10亿美元级别的公司。不过，从2014年开始，随着爱康国宾、3G门户、猎豹移动的上市，经纬创投迎来了收获。

2014年4月，爱康国宾赴美上市，上市当日市值就突破10亿美元，市盈率近35倍。从2005年就接触并投资爱康国宾的经纬创投，成为最大的赢家。而6月上市的猎豹移动则带给了经纬至少近42倍的投资回报率（并未退出），按照猎豹移动的发行价14美元计算，经纬所持股份价值高达1.08亿美元。陌陌也在11月正式迈出了上市的步伐。

另外，4月，阿里巴巴宣布8000万美元收购友盟；6月，华谊2.66亿元收购卖座网；7月，搜狐畅游以9100万美元收购海豚浏览器，再加上iFree、EGLS等的出售，实际上经纬在2014年已是收获不菲。

"虽然每一轮融资时我们都有退出的机会，但每一轮我们都在增持。守候是有价值的，如果1年前退出，那和今天就有很大区别了。"经纬创投投资董事胡海清感叹。

但也有人指出，与红杉、IDG等其他同类基金相比，经纬的整体投资队伍比较年轻。又因为投的是早期，等待成绩的周期也会更长。万浩基承认，自己错过了很多。

"唯品会、京东甚至陈欧都是。"万浩基说，当年京东A轮、唯品会A轮经纬创投都有机会投，但却都放弃了。陈欧回国创业还在做游戏平台的时候就曾找过万浩基，但是万浩基没有投。半年后，陈欧把公司转型做化妆品团购时再次找到经纬创投，包括张颖在内，与陈欧聊过后还是选择了不投。

但万浩基表示，当年选择不投并没有错，这是一个理性的结果。首先是电商的毛利非常低，即使今天的京东也还没有盈利。而且，2011年资本市场正处在一个寒冬期。"虽然它找我们的时候只需1000万美元，但是如果我们投了这1000万美元，未来可能需要帮它融10亿美元的钱才能把这件事做起来。未来，如果我给不了这10亿美元，就会存在一个非常被动、非常尴尬的局面。我们当时判断资本市场的寒冬还会持续很长的一段时间。但市场好起来了，它真的能拿到10亿美元了。你能怎么说呢？只能认了。"

不过万浩基也表示，这是他3年前的想法。3年前经纬不敢做的事情，现在敢了，而这转变多半是由快的打车带来的。

也正是基于早期在电商布局谨慎而错失机会的教训，经纬创投才在移动互联网进行了"凶狠"布局。目前来看，已经"有戏了"。

眼下，手握近二百家创业公司的经纬创投，很需要自己的投资中能够诞生一家取得巨大成绩的公司。万浩基认为，包括陌陌、美团、口袋购物，都还远没有触及上升的天花板。

根据经纬公开的投资公司资料，按市场估值简单计算，除了移动互联网的陌陌、口袋购物、快的打车外，O2O的饿了么、交易平台的找钢网、招聘网站猎聘网等都是可能冲击30亿-100亿美元的公司。10月23日下午，口袋购物宣布完成C轮融资，融资总额达3.5亿美元。

"投出下一个马化腾很难，但投出另一个周鸿祎级别的，我觉得在中国还是有很多的机会。我觉得唐岩有可能，我相信王珂也有可能。他们能否再独立突破1000亿美元，那就要靠他们自己了。"万浩基说，"不可能行业里所有好的公司都在你手上，我们也在赌一个概率。"

大众软件的堂吉诃德之路

他们踏上另一条赛道希望续写往日辉煌，但，规则已经改变。

《财经天下》/杨蕾　唐晓园

"产品目前还没有开发出来，最早得9月底之前完成了。"2014年8月，杨立在接受《财经天下》周刊采访时如此说道。杨立口中的"产品"是《大众软件》由传统媒体转向移动端的首款产品。直至截稿时的11月中旬，这款产品的上线时间被一推再推。

从2014年年初开始，《大众软件》，这个有着金字招牌的老牌游戏杂志如塞万提斯笔下的没落骑士，四处碰壁，但仍提剑走自己的路——这本最高期发行量38万册、月发行量超过70万册的杂志曾是游戏界的传奇，凭借高质量的内容影响了几代游戏爱好者。自2012年杂志盈利状况持续下跌后，大软终于在今年高调众筹激活读者群，宣布转型移动端。杂志的年轻人们想在移动互联网大干一场。可，这将会是另一条赛道上的故事。

8月28日，石景山附近写字楼里的《大众软件》编辑部，杨立接受了我们的采访。作为《大众软件》的编辑部主任，他的名片上很快将印上最新头衔——《大众软件》移动端"游态度"联合创始人。

2002年，杨立刚刚成为《大众软件》的编辑。"那时游戏杂志的编辑很容易成为偶像。"杨立对《财经天下》周刊回忆道。他在大软的笔名是八神经，这个名字现在还会出现在百度贴吧中，为老游戏迷所怀念。

2013年，杨立成为《大众软件》的编辑部主任。但此时的《大众软件》已经身陷囹圄，2012年盈利状况下跌以来经历了几次停刊传言——2013年6月，主管单位中国科学技术情报学会还是收回了杂志刊号。同年7月，大批编辑记者离开，留下不到10人勉力支撑着《大众软件》。

从当时的行业背景来看，它的未来很不乐观：在国内游戏玩家中具有同样影响力的游戏杂志《家用电脑与游戏》结束了20年的历程，主编刘威在微博宣布停刊；曾与《家用电脑与游戏》《大众软件》开启游戏杂志三国时代的《电子游戏软件》也宣布停刊。

很多读者和玩家开始相信，《大众软件》的停刊也只是个时间问题。

但杨立和他的同事撑到了2014年，并让自己成为微博上的热点话题——4月23日，《大众软件》官方微博"大软果然棒"发布公告，《大众软件》要转型做移动媒体，同时继续保留纸质版杂志。推出移动端的方式是在"中国梦网"启动了众筹活动，希望能在2014年6月20日前筹集到100万元，同时宣布移动端在同年10月上线。

据杨立说，2013年年底，很多投资人找上门来，对《大众软件》和整个编辑团队都很感兴趣。游戏平媒一再衰落，但手机游戏行业成为资本追逐的战场。投资人看中杨立和编辑团队的行业资历，希望杨立带整个团队去游戏公司做手游APP。

投资人的登门没有动摇杨立的立场，反而让他们清醒：纸媒不断衰落，他们的能力和价值却不会一同跌落。

⠿ 忘记昔日荣耀

翻到《大众软件》创刊号里的读者来信，杨立兴奋地回忆道："那时候一期读者来信起码有一千多封，都用麻袋装着。"

创刊于1995年的《大众软件》崛起得非常快，自问世以来就处于盈利状态。那时电脑游戏作为新生事物出现，玩家需要游戏资讯。当时公认做得好的游戏平媒也就三家：《电子游戏软件》《家用电脑与游戏机》和《大众软件》。

《大众软件》很赚钱。杨立回忆，当年很多中关村的商家在杂志上投放广告，广告部的同事去中关村结算广告费时，许多商家一听到《大众软件》的名字都会到处躲。

《大众软件》在2002年入选国家"期刊方阵"，被中宣部评为社会效益和经济效益双突出的"双效期刊"。也是在2002年前后，《大众软件》达到了史上最高期发行量——38万册。12年前的场景在杨立的记忆中依然深刻，"编辑部还专门开会，定了下次的突破目标。这次是我们第一次突破35万，下一次要到40万！"

杨立分析《大众软件》的迅速崛起归功于三个原因：严格的文字质量和流程；借国产单机游戏崛起之东风；多元化的内容组合。这些都是《大众软件》支撑到现在的主要原因。

2000年左右，别的游戏媒体没有记者组，《大众软件》设立了记者组，很多栏目都靠记者调查采写做专题。交上来的文字到出版印刷会经过5次校对。

《大众软件》在玩家中影响较大的是"GAME龙虎榜"，由全国读者投票选出最受欢迎的游戏。境内PC games的第一张榜单诞生在1995年8月《大众软件》创刊号上。《仙剑奇侠传》在此榜上连续多年占据榜首，成为单机游戏界的传说。

杨立向《财经天下》周刊坦承，《大众软件》能够一开始就卖得那么好，与杂志推出《仙剑奇侠传》攻略有一定关系。"正版出售的游戏里是没有攻略的，如果有，也没人会去看杂志上的攻略了。"软星科技的总经理姚壮宪对《财经天下》周刊说，他身后的柜子里放着《仙剑游戏全集》。

姚壮宪认为《大众软件》在一定意义上扩增了仙剑的影响力，"那时候《大众软件》是我们的衣食父母，唯一的宣传渠道。当时只要我们出游戏，他们就经常来，前期曝光、最终报道、研发内幕、上市前后，经常看到他们。这些报道从前期到后期，跨越的时间很长，也是深度的报道。现在可能找不到这样的游戏媒体了"。

《大众软件》前半本是软件、硬件内容和互联网话题，后半本主要是游戏。《大众软件》编辑部副主任陈子赟在加入编辑部前，是有着14年阅读经历的读者。"《大众软件》的记者专题很多是与社会话题相关的。《大众软件》能够挺到现在，就是因为它相对多元化。"

没有一种辉煌会一直延续——2009年开始，美国共有105家报刊被迫关闭或改为电子版，国内报刊休刊的新闻也不断出现。移动互联网的出现改变了整个行业背景，也改变了人们的阅读习惯。随着互联网技术演进一步步颠覆新闻行业，《大众软件》无法幸免。2012年开始，杂志盈利持续下跌——在"不转型等死，转型找死"的阴影下，《大众软件》不知不觉中成了芸芸众生中的一员。

⁝⁝⁝ 三次战斗

这次转型移动端，《大众软件》并不在队伍前列。这本老牌游戏杂志在转型路上起个大早，却赶了个晚集——作为一家生于电脑时代的游戏杂志，《大众软件》其实做过三次转型。

2005年，暴雪娱乐制作的《魔兽世界》风靡中国。《大众软件》和盛宣鸣数码科技公司合作创建"大众游戏网"。招来了很多新员工，试图借"魔兽"东风再攻下新城池。但由于投资人中途撤资，资金链断掉，网站持续烧钱，"大众游戏网"赔了钱，全靠杂志收入输血。"此时杂志的收入还很好，尽管38万册纪录之后销量一直下跌，但一年下来就跌几千本，并不影响盈利。"杨立对《财经天下》周刊说。

2012年以后，《大众软件》管理层又开始寻找资金，找人合作，试图将《大众软件》的品牌及读者资源向互联网转移。这是第二次转型尝试。

"当时的主编在外面找投资人，找来投资的同事后来离职，这事儿就没人管了。主管单位中国科学技术情报学会管理层就有点光火，不太信任找投资的事儿了。我提了很多建议，包括做电子版、移动端，他们都不同意。"杨立解释《大众软件》很早就想转型，但是主管单位不同意任何形式的转让和入资入股，这期间某上市公司、某房地产公司、某国有传媒公司及某资本均向大软伸出过橄榄枝，但均被无情折断。

按照杨立的说法，《大众软件》2013年上半年才开始赔钱，主管单位觉得赔钱趋势是不可逆的，决定把刊号收回。2013年6月，很多编辑出走，陈子赟就是其中一员。杨立和为数不多的几个老同事四处奔走寻找能租用的刊号，"刚开始想用《家用电脑游戏》杂志的刊号，但是别人也想用，我们就没去。最后到广西借用《电脑游戏新干线》的刊号。刊号使用费只有过去科协收的管理费的百分之十几，也减少了一些资金压力"。

借用刊号后，《大众软件》必须在短时间内进行第三次转型。不然只能等死。"有同行说，不是你们做得不好，是时代把你们淘汰掉的。但为什么我们不能延续这个品牌去顺应时代呢？"杨立说。

他把第三次转型的开端定为在中国梦网众筹，随后宣布转型移动端。从2014年4月23日起，60天内，杨立们从5120名投资人处筹集到了203万元，这笔资金将全部用于移动端转型。

"众筹就是要证明《大众软件》的品牌，白手起家不如借助品牌转型。"这句话是众筹之后才有勇气说出来的。众筹发起的初期，编辑部上下都很担心，"刚开始上线一天多都没敢宣传。过去了快40小时，才发了第一条微博。当时里面只有几百块钱"。之后每天的资金增长都超过了编辑部的预期，不到一半的时间就筹齐了一百万全款，也让他们对众筹决定感到放心。"众筹救了《大众软件》。"陈子赟对《财经天下》周刊说。

杨立认为众筹与融资目的不同，融资纯粹是面对商家、企业，而众筹是面对玩家，是一个呼吁玩家关注的过程。"众筹的人都是第一线的玩家。他们不是数字，不是手游媒体里说到日活跃用户几万个，这些都是真实存在的用户。"杨立对《财经天下》周刊说。

对于大软大张旗鼓的第三次转型，同行黎争有自己的看法。黎争是计世传媒集团总裁。2014年6月，全球历史最悠久的科技杂志《计算机世界》（美国版）宣布推出最后一期印刷杂志后将全面转型数字渠道。黎争认为，《计算机世界》（美国版）停止印刷并不是纸媒衰落的又一佐证，而是证明该杂志在美国的转型是成功的。据黎争透露，《计算机世界》的美国国际数据集团（IDG）的在线收入可观，利润比做平媒时还要高。

现在，《计算机世界》（中国版）和《大众软件》仍是国内发行量最大的电脑类期刊之一。2008年，《计算机世界》所属的计世传媒集团以"内容和服务提供商"的新定位在转型之路上先走了一步。黎争认为"内容为王"是对的，同时应该再往下走——"是服务和产品为王"。

按照计世集团旗下平媒业务用户群体内容需求的差别，计世将用户细分成CEO、CFO、CRO、CMO等，提供细分的内容和服务。比如计世集团会成立CMO俱乐部，为他们提供全方位的内容和服务的解决方案，包括线下活动和在线的商务社交网站。

通过这样的提供方式，计世集团在纸媒原有的广告商业模式之外又产生了新的商业模式。黎争告诉《财经天下》周刊，许多平媒将内容搬到互联网上只是介质的转变，并没有与用户产生关联，"内容简单地在互联网上传播，是难以实现变现的可能的。但当你的内容和用户产生紧密关联时，就会带来新的变现方式。"

现在，第三次转型的《大众软件》也将移动端产品"游态度"定位为"内容服务"。其slogan是"我们最懂游戏"。

"游态度"上线后将有三个板块：随阅、公榜和后院。"随阅"代表游戏媒体的行业性和专业性，内容包含原创的行业、产品深度和热门新闻，每日更新十余篇，针对移动阅读习惯，篇幅在1500字左右。"公榜"则延续了《大众软件》最权威的产品排行榜，所有游戏产品都会陆续建库。"后院"的体现方式会像垂直的游戏微博，以游戏行业的意见领袖为主，如"《仙剑奇侠传》之父"姚壮宪、"《轩辕剑》之父"蔡明宏。后期加入用户到了一定数量，会引入"游戏化社区"概念。

::: 苏醒

"游态度"迟迟未和大家见面，但大软编辑部不得不做出改变。

"过去编辑部非常强势。"说完这句，陈子赟收起微笑，承认编辑部里仍存在短板，"编辑部最大的困难在于自我意识的转换。编辑对游戏行业很了解，但传统媒体思维太重，过于注重内容，众筹的时候大家才醒悟过来。缺乏营销意识是《大众软件》最大的弱点。"

转型，就必须输入新鲜血液。杨立找到了曹崛。

"我要做的事情很简单，编辑出好的内容，我包装成好的形态，让用户能接受。"曹崛一边说着一边按掉手机来电。擅长市场推广、商务合作、研发运营的他，目前是《大众软件》移动端产品"游态度"的总裁兼联合创始人。

曹崛曾三次创业，PC端游戏、网页游戏、手机游戏都做过，加入《大众软件》前，他的最后一个头衔是正点科技市场营销副总裁，专注智能手机工具类APP的研发和运营。在正点科技两年多的时间里，曹崛获取了移动互联网知识和行业规则，这正是《大众软件》团队所缺少的。"他带来的团队跟我们现有的团队是互补的，丰富、完善了产品的形态。"杨立对《财经天下》周刊说。

1995年，曹崛曾在《大众软件》待过两天，当时面试他的是现在还在大软的编辑杨文韬。虽然只待过两天，但是曹崛与大软编辑部的联系却维持了十几年。第二次转型时，杨立曾找到在游戏行业创业三次的曹崛，因为体制原因，转型事宜未果。

解决体制问题后，2014年4月份发起众筹前，杨立第一个想到的人就是曹崛。5月，曹崛离开正点科技，组建好自己的团队准备寻找下一次创业机会。"杨立告诉我现在能够放开手脚做事情了，我俩商量好了移动端的大方向，以半年时间为版本更新节点。6月下旬，我就带着团队过来了。"曹崛对《财经天下》周刊说。

曹崛和他的团队都是移动互联网出身，除了给《大众软件》带来新的研发部门和市场团队，还有他们所熟悉的行业思维和方法。这些新事物给此前一直强势的《大众软件》编辑部带来了转换思维意识的挑战。

"绝对不会像过去一样事事都是编辑部说了算。"杨立对《财经天下》周刊说。新旧团队磨合的早期，他和新团队也经常发生碰撞。曹崛来到《大众软件》的第一件事就是向编辑部输出移动互联网行业的方法论，"我刚来那会儿，觉得他们是一帮特别纯洁的人。有时候讨论一个特别普世的价值观，他们不care，'觉得我是一个很有操守的媒体人，用户就会理解我'。但是有些事情还是需要产品化，你再好，用户看不到，还是不行"。

争执时有发生。曹崛有次和杨立等编辑在办公室讨论一个产品细节，双方各执一词，讨论到凌晨一点，辩输了的请吃夜宵。唯一没有争论过的一点是：必须始终保持高质量的内容输出。质量第一是《大众软件》创刊至今的第一准则。曾有读者来信询问游戏新旧的问题，编辑部是这样回答的："游戏好坏最主要的是它的内在质量，而不在于时间上的新旧，但本刊会尽量增加一些新游戏的。"

曹崛认为最懂游戏的人和《大众软件》的高质量内容是长线竞争中的优势，"现在的移动产品形态是过去不曾存在的，所以感觉很重要，但最重要的还是内容的质量"。曹崛看来即便只是依托高质量内容，《大众软件》也可以存活下去，"如今很多用户量巨大的内容服务平台是没有能力产出这样高质量的内容的"。

《大众软件》还面临着一个十分棘手的问题——老读者的断层和吸引新用户。两个群体的阅读需求看起来就是一个悖论，老读者注重质量，而新用户注重体验。曹崛认为读者年龄跨度决定了《大众软件》APP是平台化的产品。"我和有妖气的CEO聊过，他们的目标用户有固定的标签，向用户提供合适的产品就可以。《大众软件》读者的跨度很大，从不排斥到能了解再到理解，各方意见都有。这就决定了我们是平台，不是小众的阵地，平台产品的特点存在于功能。"曹崛对《财经天下》周刊说。

"这么多年，不是读者抛弃了大软，是大软抛弃了读者。'游态度'移动端初版的目的就是要告诉读者，大软还活着！"曹崛说，因为体制的束缚，《大众软件》没赶上互联网和移动互联网大潮，但集媒体、评测和社区一体的综合性平台游戏移动端的市场空白使他坚信——在移动端，《大众软件》还有机会。

⠿ 如何适应时代？

平媒走上数字化之路已是大势所趋。早在2009年，金融海啸席卷全球，新闻行业与全球经济的其他产业一道陷入了严重衰退，这一年被认为是世界报业的转折年。同年3月16日，美国《西雅图邮报》的发行人罗杰·奥格尔斯比宣布将在17日发行最后一期纸质报纸。至此，关于"传统印刷品的未来该何去何从"的话题从未停息。

黎争认为，《大众软件》转型移动端与互联网团队创业是一样的，而互联网里"资源"的定义却与平媒时代里有所不同。移动互联网化只是平媒转型的一个大的趋势，但互联网并不能包治百病。"互联网在机制上有游戏规则，如果在机制上无法匹配的话，很难有一流的人才和好的创新产品。没有机制、团队、人才，很难与互联网公司进行竞争。原来做媒体的资源，某种程度上是国家赋予你的准入机制。现在这种资源在瓦解，关键还是创新能力。"黎争对《财经天下》周刊说。

现在的《大众软件》更像是一个创业公司。"技术、设计、产品执行人员都是我找来的，总共不到10个人。一个人顶好几个人用，相当于在创业，每个人同时要盯好几个模块。"曹崛说。他很感动团队成员降薪归来，省下了不少成本。

据曹崛介绍，《大众软件·游态度》会于11月中旬上线安卓版，iOS版将在年底上线。曹崛和杨立还在筹拍一部读者和《大众软件》故事的微电影。创刊将近20年，游戏行业内的各大企业管理层中很多人都是《大众软件》的读者。

微电影是《大众软件·游态度》初版推广策略中的一个渠道，曹崛他们将通过不同渠道告诉读者：《大众软件》还活着，只是演进成了移动端。同时，也会召回遗留在QQ群、贴吧、微信公众账号上一万个左右的种子用户。"'游态度'出来后，我们通过市场商务，希望尽快将用户做到百万级。"曹崛说。

"在渠道为王的阶段性过程中坚持内容为王"是《大众软件》如今的定位，因为成本原因，《大众软件》编辑部"刻意降低发行量"，目前仅发行几万册。"85后"为主力的团队里，很多人拿着低薪。即便研发成本已经很低，对于只有众筹资金的《大众软件》来说，移动端的研发、推广和维护都无法以理想中的形态实现。

采访最后，曹崛对《财经天下》周刊说："还是那句话，要么是转型找死，要么是不转型等死。至少我们还是在动的。即使死了我们也很坦然，因为尽力了。"

全能选手乐视

农业、汽车、智能家居……乐视迫不及待地奔上了全能赛场。不过，在终端成本压力逐渐加大及政策风险扑朔迷离之际，这场多元化竞赛最终能获得何等名次尚是未知数。

《财经天下》/苗正卿

乐视希望自己在全能选手的竞赛场上跑得更远

在2014年9月19日乐迷节当天，除了围绕超级电视开展的多个让利促销活动外，乐视首次将"全生态折扣"纳入乐迷节系列活动，不仅提供全场葡萄酒2.5折起的优惠，还将乐视进军农业项目后的首款产品大闸蟹以全场5折促销的方式推到了台前。

早于乐迷节一个月，乐视旗下的生鲜电商网站"乐生活"上线，与此同时，乐视互联网生态农业（北京）有限公司宣告成立，由乐视控股旗下酒类电商网站酒网CEO李锐出任董事长，前本来生活网运营中心副总经理蒋政文出任副总裁。公司与网站的组建，宣告乐视正式进军农业领域。

乐视宣布进军农业领域的同月，还与海康威视签订了关于合作智能家居项目的协议。总部位于杭州的海康威视是国内最大的综合监控产品供应商。根据合作协议，海康威视旗下的萤石互联网摄像机将与乐视TV进行智能硬件开发，并以双品牌方式开展营销。

乐视在多元化领域迈出的脚步远不止于此。据北汽新能源汽车总经理郑刚介绍，2014年年初乐视与北汽合作投资了一家纯电动汽车设计公司。8月底，乐视官方宣布原搜狐汽车事业部总经理何毅已加盟乐视并出任乐视车联网CEO。

一幅以生态农业、车联网、智能家居构成的乐视新多元化棋局已逐渐清晰，若加上此前已经进入的红酒、智能电视、影视等市场，乐视已经成为了名副其实的全能选手。

⠿ 溯源多元化

在2014年年初致员工的一封信中，42岁的贾跃亭将2014年称为"生态整合关乎乐视生死之年"。在贾跃亭预计实现100亿元营业额的乐视全生态业务中，影视、网络视频、智能终端、生态农业被视为四大业务。

"生死"一词并非危言耸听。截至2014年第一季度，根据财报显示，乐视实现营业收入10.3亿元，同比增长200.38%。乐视超级电视逆势火爆，连续三个月线上销量第一，截至3月份，乐视超级电视的线上份额已经由年初的14%上升为23%。9月19日乐迷节一天，乐视超级电视实现了创纪录的10万台销量。但并不仅仅有好消息。2014年一季度，乐视营业利润4377万元，同比下滑46.56%。造成营收大幅度增加而利润反而降低的原因，来自乐视经营成本的上升。一季度，乐视营收总成本超过9.8亿元，同比增长280%。在全部成本中，终端成本占比从2013年同期的11.04%上升为58.52%。

分析乐视今年业绩不难看出，眼下由于强推超级电视等硬件业务，乐视大量经营成本被硬件业务束缚。而超级电视等硬件产品的销售情况也逐渐成为决定乐视整体业绩的重头戏。家电分析师刘步尘认为，尽管乐视超级电视销量已经成为行业第一，"但互联网出身的乐视，本身不具备电视的制造能力"。在这种现实下，解决终端成本压力，对乐视而言，绝非是可以一蹴而就的事情。

政策的不稳定性则加大了乐视在硬件市场的风险。一位中金公司的匿名分析师认为，政策对乐视而言并非致命伤，但确实是风险项。"随着乐视与重庆广电合作，政策风险可能会进一步降低，但在政策最终尘埃落定前，乐视一定会通过多元化、进军新项目分担来自终端的风险。"奥维咨询总经理喻亮星认为，在乐视规划的平台、内容、终端、应用组成的生态圈中，政策风险项直接影响的就是其终端产品。"其余三项可以通过外延到新领域赢得商机。"

由此看来，多元化是乐视分担来自终端风险的手段之一。国金证券分析师杨建波认为，通过多元化来拓展经营以分担主营业务风险是很常见的方法，但并非立竿见影。"一定是一个长期考量的事情。"

"如果仅仅是为了赚短钱，完全可以炒一些更容易来钱的项目。"一位业内人士分析称。"乐视的多元化绝非仅仅为了现金流。用新概念赢得资本市场认可，从而保持股价和发展有潜力的新领域，而从长远上为公司赢得新赢利点，才是乐视多元化的根本目的。"

观察乐视9月19日活动以及其所进军的新领域网站，不难发现，在进军农业等新项目时，乐视非常突出"乐迷"概念。乐视农业副总裁蒋政文对《财经天下》周刊表示，乐视一直致力于打造乐迷生活圈。"未来乐视将集内容服务、应用服务、硬件服务、平台服务以及农业服务和高端葡萄酒服务于一体，为乐迷打造一个互联网服务圈。"

乐视TV高级副总裁彭刚认为，乐视产品未来的发展方向，是在整个乐视生态体系里面不断打造新产品，除了超级电视之外，更多延伸的产品都将围绕内容服务化这一主题。"乐视要打造用户的社交圈。"

按照乐视的规划，其多元化的理想状态是通过乐视打造的多屏生态，让用户获得尽可能多的服务。"你下班回家后，打开乐视电视，点播乐视制作的节目，吃着乐视提供的食品，喝着乐视提供的红酒，空闲时还能跟其他乐迷在社交圈内互动一下，这就是乐视的多元化。"

值得注意的是，乐视在进军农业等多元化项目时在控股集团与上市公司归属选择上采取了"谨慎"打法。无论是早已上马的红酒项目，还是刚刚试水的生鲜电商，这些子公司均直接归属于乐视控股（北京）有限公司，而非上市的乐视网。

"这样的好处是这些新项目不会直接构成对乐视主业业绩的影响。乐视长久以来最聪明的地方就在于其非常懂得资本市场想看到什么样的概念以及想看到什么样的财务报表。"一位证券分析师表示。

多元化第一战场：生鲜

蒋政文谨慎地对待乐视在生鲜电商市场的品牌塑造。截至目前，乐视在生鲜电商市场上只推出了一款产品：大闸蟹。"我们采用引导消费者的方式建立品牌形象，从而加强消费者对乐生活的品牌认知度。"

在推广自家大闸蟹时，蒋政文提出了一个口号：英雄不问出处。"乐视长期以来给人以颠覆者的印象，做生鲜电商，我们依然会颠覆一些传统。"

蒋政文首先准备颠覆的，就是消费者对大闸蟹长期以来的错误认识。"每年阳澄湖的大闸蟹产量是2300吨。仅京东商城内一家商户在8月份之前的预售量就已经达到了这个数字。到底有多少是真正阳澄湖的大闸蟹？冒牌、洗澡蟹等，已经是行业公开的秘密。"蒋政文所提的"英雄不问出处"就是要让消费者明白，不一定阳澄湖的大闸蟹才是大闸蟹。

"优质的蟹苗、好的水质、优良的环境以及科学的养殖手法这四点是生产出优质美味大闸蟹的关键，我们是要将最优质而不是最知名的大闸蟹带给消费者。"但摆在蒋政文面前的有三个现实问题：怎样保证质量和安全、怎样匹配物流以及怎样推广宣传，这三大问题是乐视进军农业首先要面对的三道门槛。

"我们采用自建基地和共建基地的模式，这样的好处是可以从源头把控。"据悉，除了目前已经展开合作的山西临汾基地，乐视还在与黑龙江、重庆、江西、福建等地进行洽谈。"首先要考虑这个地方的地理条件，要因地制宜。其次，我们会考虑当地的政策。"据蒋政文介绍，在选择基地和选择农产品项目时，乐视会聘请一些农业专家和第三方评测机构参与把关。

而在物流环节，蒋政文认为对乐视的生鲜电商项目而言，选择合作伙伴只有两个标准：硬件设备和服务质量。"生鲜电商需要保持恒温冷链运输，技术就显得尤为重要。而服务质量也异常重要，我们不能因为物流的服务差让消费者对我们乐视的品牌产生负面印象。"乐视也将开始搭建自己的生鲜物流体系。"今年（2014年）年底，我们会先以北京开始构建我们的体系，我们是以总仓加最后1公里的模式，结合在社区里面建终端店来构建整体的配送体系。"

推广与宣传，是生鲜电商项目获得整个乐视生态支撑力度最大的领域。"在乐视参与投资的《敢死队3》影片上映时，我们在58个城市、450家院线举办了推广活动，这对乐视互联网农业而言起到了很好的展示效果。而在中国网球公开赛期间，乐视互联网农业也会利用乐视视频独家直播权的机会，进行品牌展示。"除此之外，蒋政文表示LePar线下体验店会对乐视互联网农业产品起到宣传作用。"在LePar线下体验店中会有我们的品牌及产品服务展示和露出。"

LePar俨然已经成为盘活乐视大部分项目的中心轴。乐视TV副总裁张志伟认为，LePar并非渠道，而是服务和体验的载体，首先是用户体验平台和用户综合服务平台。乐迷作为整个乐视多元化的核心，也可以凭借LePar线下体验店更多地融入乐视生态之中。"LePar也是一种低门槛的众筹模式，通过O2O平台，能更好地发挥乐迷的价值，与乐迷共享乐视生态的价值，不仅适合乐迷创业、个体经销，也适用于平台连锁和集团内购。"张志伟说。眼下看来，乐视通过扮演若干年颠覆者形象而凝聚的乐迷已经成为其多元化转型的筹码。

起码已有合作者被这个筹码吸引。已与乐视开始合作智能家居的海康威视副总裁蒋海青认为，海康威视看中的是乐视独有的视频生态环境以及乐视的终端影响力和可观的用户数量。

不过也有声音质疑乐视的多元化有些过于不务正业。TMT行业评论人王如晨认为，比起影视、乐视TV等项目，农业、汽车、智能家居"对乐视而言已是偏离主题之举"。

而同信证券分析师胡红伟表示："乐视近段时间的多元化战略，短期看有维护股价的意味。"胡红伟认为，多元化应是在主业稳健的情况下来做，目前乐视的多元化项目今后能否获得成功，尚是未知数。

蓝色巨人走出低谷

以PC起家的"芯片巨人"英特尔正在试图摆脱其老态龙钟的形象，在移动市场和物联网、可穿戴等新兴市场发力，甚至一改高傲姿态，主动牵手深圳小厂商力图"接地气"。它引以为傲的"计算力"会再次助它登顶吗？

《财经天下》/严冬雪　王卜

到目前为止，全球有约6亿台PC使用英特尔提供的服务，最少使用期限为4年，这为英特尔带来的潜在收入超过4000亿美元——这个成绩看上去巨大，但对于PC芯片霸主英特尔而言，其意义顶多是一段颇为辉煌的历史。

2012年11月，在移动通信领域占据绝对优势地位的高通在市值上首次超过了英特尔，并在接下来的几年里保持了这一地位。这被认为是英特尔历史上的一大污点。此前，从1992年开始，英特尔的"最大芯片制造商"头衔保持了20年之久。

这位蓝色巨人命运随着移动互联网的发展急转直下，2013年，时任CEO保罗·欧德宁（Paul Otellini）宣布卸任也是因为没能力挽颓势。

世易时移，在移动互联时代，为了快速追赶已经占据先机的对手，英特尔已不能只专注于PC芯片了。"目前战略最重要的着眼点就是成为在通讯芯片领域第一位的公司。"英特尔全球总裁詹睿妮（Renée James）明确表示。

除了恶补移动通信，英特尔的第二战略侧重于不同的移动细分市场，打造集成系统芯片。比如，今年年底即将面世的SoFIA系统芯片上，便体现了这一战略转变：图形、内存、无线等大量模块都整合在了一起。且正契合了Intel（Integrated Electronics，集成电子）名字的初衷，即成为一家集成电子设备领域的公司。

尽管英特尔已经在移动领域全速发力了三年，但由于先期的长期缺位，它遭遇了前所未有的质疑。当年英特尔从PC业务拓展到服务器时，也曾被斥为愚蠢，但最终他们在支持互联网和云计算的服务器领域做到了最强。以其目前在中国深圳的一系列动作，和车联网、物联网、可穿戴设备、游戏等各方面全面开火的状况来看，蓝色巨人打算再次运用手中的最大筹码——多年来积累的"计算力"，来实现又一次的转型。

⁞⁞⁞ 深圳改变英特尔

"比想象的还离谱。"英特尔移动通信事业部移动无线销售部中国区总监赵大勇对《财经天下》周刊描述他第一次进华强北的感受是"非常不好"。他看见在华强北出售的平板电脑一水儿背面向外摆，因为正面都长一个样，连摄像头都在同一位置，只有背壳上有些许区别。"当时觉得任务会很艰巨。"从硅谷回到中国的赵大勇在过去两年间亲历了华强北的巨变。

因为价格便宜、产业链强大、出货周期奇快，早在2012年前后，深圳就陆续接到英特尔、高通、三星、思科等大公司抛出的绣球。从三年前英特尔力推"超极本"概念时，深圳小厂家便宜又快速的生产力就震惊了这个国际巨头，随后大笔订单被交付到这些小厂家。

但产品的高度同质化成为了这片土地的沉疴。为了给这些中小企业节约研发成本，让它们专注差异化，英特尔提出了一个"交钥匙"方案，即向这些白牌（不贴牌或没有品牌知名度）厂商提供非常全面的平板参考设计。这个设计完成度高达90%，且在交付之前就已经进行过全面测试，极大地帮助了中小企业缩短设计和研发周期，加速产品上市，同时又留出一定的个性设计空间。

对这些厂家，英特尔完全放低姿态，开放性地与他们合作，几无遮掩。一个贴牌厂商受邀参加了当年英特尔在台北的电脑展，带有浓重福建口音的老板熬着通红的眼睛向来者介绍自家品牌的设计时，当着英特尔工作人员的面毫无顾忌地劝说来访者："别进这个圈子，都是红海，没的赚。"

不过，施行"交钥匙"方案后的必然结果是，厂家即使不具备很强的研发团队，也能够做出英特尔芯的平板，对有研发能力的企业而言，价值优势因此削弱了。在赵大勇看来，目前的"交钥匙"方案尚不够完美，所以才导致了合作时的一些缺憾。

"坦白地说，我们一定要交学费的。"赵大勇说。英特尔在移动领域起步太晚，与白牌厂商的合作既是过渡，也是必由之路。2014年第二季度，英特尔遭遇了供不应求的状况，短期内零部件供应不足，因为供应商对其信心尚不充足，不愿增加对英特尔零部件的库存。这正是英特尔"交钥匙"方案的缺憾之一，由于对市场不够了解，方案中一些零部件是独家的，与供应商们熟稔的ARM（嵌入式）解决方案有差异。

这个小插曲使得英特尔更懂得迁就合作伙伴，并逐渐开始了解深圳的生态系统。"现在我们避免采用独家的零部件，跟不同合作伙伴的沟通让我们加深了学习。"赵大勇说。

得益于英特尔的技术，本土品牌的返修率大为降低，这使得他们利润提高，并与其他低质产品拉开差异。一些不愿投入成本改变生产模式的厂商，守旧于廉价低质产品，最终在产业链的自我清洗中退出市场。英特尔和微软联手使白牌们有机会做出售价100美元左右的"英特尔芯片＋Windows系统"的平板电脑。这极高的性价比，使得拼价格的深圳山寨时代一去不返，活下来的企业，都开始专注于拼研发与差异化。

英特尔的改变则更大。蓝岸通讯技术有限公司总裁贺涛注意到，英特尔连开会地点都设在了华强北，"有次会议我找了半天才找对地方"。在贺涛看来，这多少反映了巨头深入深圳的决心。易方数码科技股份公司董事长王斌则有更直观的感受，这家公司做了6年的安卓产品，从未见过谷歌的人；和英特尔的合作从产品设计阶段开始，王斌就见到了包括英特尔总裁在内的许多高层，这种投入力度令他觉得难以想象。"在实际的研发支持上，我觉得是跟众多厂商合作以来，最让我感动的一次，他们非常踏实。"

现在，英特尔在深圳建设了专门的平板团队。除了技术人员，还有销售与制造团队，三个团队每周开例会，对市场需求做出预测；同时找到相应的零部件厂商，与其沟通这些预测，以充分准备不同部件的供货量。

英特尔移动通信事业部中国区总经理陈荣坤这样总结深圳学习成果："一切皆有可能。"在"交钥匙"方案开始一年半之前，英特尔预计白牌厂商们据此做出的平板，售价最低无法降到千元以下。但2014年最新的产品成果显示，有厂商做出了售价399元的英特尔平板。"深圳的生态系统整体是一个完美的供应链，它使得产品能够以低成本的零部件在最短的时间内将产品推向市场。"陈荣坤感叹。

在他看来，长于技术的英特尔在深圳更像是在做服务业，必须要认真地倾听合作伙伴的需求。在这里，英特尔从平板业的无名之辈成长到能够做出又快又便宜的平板产品。"感谢深圳伙伴给了我们最初的信任，现在我们懂得整体服务于他们，因为平板技术并不难，关键是辅助他们以满足市场瞬息万变的需求。"陈荣坤说。

另外，随着中国本土技术创新生态圈的发展，越来越多的国际知名品牌向来自深圳的厂商购买设计，"本土=山寨"的时代一去不返。本土厂商出品的平板不光在中国贩卖，同时约有70%至80%的销售面向全球市场。"这证明，中国本土合作伙伴出品的设计和质量，以及产业链管理质量都非常的出色，大大超越了我们的认知。"英特尔中国技术创新生态圈销售部及产品市场部总监杨彬说，"我们不只把中国看作一个大的消费市场，中国的创新与制造生产将是未来全球创新的重要引擎。"

平板只是冰山一角

2014年，200多款英特尔平板产品销往150个国家，第一季度发货量是500万台，第二季度翻了一倍，变成1000万台。"按照这个趋势，全年实现4000万台的目标应该是有希望的。"陈荣坤介绍道。4000万台出货量是英特尔今年的目标，大概是去年发货量的4倍。目前的销售状况显示，比起一线OEM厂商如戴尔、华硕等，来自本土白牌厂商的平板出货量超出了预期。

然而，4000万出货量绝非英特尔的全部追求。市场研究机构IDC不久前发布的报告显示，第二季度全球范围内平板电脑的出货量增长了11%，达到4930万台。平板电脑市场还在增长，但值得注意的是，这其中的个人消费市场正在下滑。一个业内的共识是，消费级平板已达瓶颈，下一步的增长空间在企业级平板上面。这也是苹果CEO库克在做的事情，苹果正跟IBM联手，让iPad进入企业市场，并开发更多的企业级应用。

英特尔则坚持牵手微软。由于二者合作的"2合1超极本"销售成绩不理想，两方似乎渐行渐远。最终的结果是：英特尔除了支持Windows，也支持安卓；微软除了携手英特尔，也选择了高通。"英特尔和微软就像本来要离婚的夫妻，如今又复合了，但又彼此容忍小三的存在。"一位业内人士打趣道。

比起安卓系统，尽管Windows有应用不全、使用习惯待培养等种种缺点，但在垂直行业里面，Windows有非常高的接受度。比如银行和保险业，坚持使用Windows的软件，而"没法用安卓"。这对于微软和英特尔联手开发商用平板而言，无疑是一种利好。

包括陈荣坤和杨彬在内的英特尔高层也认可了商用平板的趋势，后者向《财经天下》周刊介绍了英特尔在教育、医疗以及游戏等垂直行业的创新，比如医用平板，英特尔与合作伙伴一同创新了条形码扫描器，帮助记录病人信息，形成一个闭环的医疗记录体系；在教育方面，也根据消费者特殊的需求，比如教育软件的预装，来定制化产品。

不过，在英特尔的未来规划里，平板也只是冰山一角。早在2010年年初，时任CEO保罗·欧德宁就阐述过计算力从电脑扩展到几乎所有的电子设备的观点。而今，移动互联浪潮愈演愈烈，到2020年接入物联网的设备将多达500亿台，它们遍布于普通家庭生活、医疗、教育以及社会中的方方面面，市场潜力不可估量。新任总裁詹睿妮也认为："无论是智能手机、智能手环，还是向智能建筑提供的全新云服务，英特尔都将有机会加速实现智能、无缝互联的集成式计算世界。"对英特尔来说，不论产品形态如何发展，计算力带来的卓越性能始终是其最大卖点。

对于在移动和安卓领域一度落后的英特尔而言，这一路线显然顺应了其自身基因。根据英特尔CEO科再奇（Brian Krzanich）近期的介绍，英特尔为硬件和软件开发者提供了新的业务增长方式以及灵活的产品设计，"对于智能互联设备来说，英特尔是最佳选择。"

作为佐证，科再奇宣布，到2020年，由英特尔支持的医疗设备将能用于癌症的研究，深入到DNA层面。得益于英特尔的计算力，研究人员将能在一天之内排序基因组，分析并找到癌细胞，开出处方，从海量数据分析中找到最佳的应对策略。

8月下旬，在北京举行的英特尔新科技渠道路演也展示了一系列创新的计算体验，包括语音识别技术、高清视频通讯、无线显示技术、英特尔实感技术、3D游戏等，这些技术用于物联网的各类产品。英特尔还着重发布了一些开发工具，比如可穿戴设备数据分析开发程序A-Wear，它能够为可穿戴设备开发者提供高效的设计和开发支持，并且完全免费。包括AT&T、GE和IBM在内的多家大公司都在与英特尔合作，在物联网领域推进。

英特尔甚至没有放弃曾经吃亏的安卓领域。根据詹睿妮的介绍，英特尔直接和谷歌进行合作，其对于安卓的支持和贡献，仅次于谷歌本身。实际上，英特尔对于整个开源社区有非常深厚的了解，在这块也是一个领军企业。为了展示转战安卓的决心，英特尔把原来整个负责开源开发的团队——大概500人规模的工程师团队，直接转向开发跟安卓相关的解决方案。

"实际上这要比谷歌做的工作还多，因为我们不仅要知道谷歌所

知道的，还要了解硬件方面的内容。"詹睿妮说。由于现在安卓也能
够在PC系统上使用，谷歌可能做不了文件系统、内存系统和通用运
算相关的一些内容，但这些恰是英特尔的强项。这意味着，英特尔能
把所有的优势都整合起来，包括移动领域的最新技术、系统芯片的整
合能力及在Android整个体系中的领导能力等。

英特尔并不想放松PC处理器这个立命之本，但它的确试图跳出
单纯"芯片厂商"的图圈，且已经初见成效。正因在移动领域的滞
后，英特尔选择了在全线市场去竞争的路线，试图触及计算时代的每
一方面。"我觉得英特尔已经逐渐从过去两年较为困难的时期中恢复
过来了。"詹睿妮说。

丝绸王国的救赎

"纺织皇后"丝绸发源于中国，尽管其稀缺、高价且拥有文化传承等特点与奢侈品的定义相符，但迄今为止中国并没有产生一个丝绸奢侈品牌。

一个叫万事利的浙江企业、一个空降的前爱马仕高管能改变这种现状吗？

《财经天下》/冯超　王卜

2008年北京奥运会期间，一套白色为底、蓝色镶边的丝绸颁奖礼服让人印象深刻，这套名为"青花瓷"的礼服因为极佳地演绎了中国之美而备受好评。但鲜有人知道，"青花瓷"背后的生产商，是一个叫"万事利"的浙江民营企业。

这家主营丝绸面料和丝绸礼品开发的公司位于杭州市江干区的一座灰色写字楼内，在一层的产品展厅和20层的丝绸博物馆里，"青花瓷"礼服都被摆放在最显眼的位置，以显示其重要地位。

事实上，"青花瓷"也的确是万事利迄今为止的代表作品。虽然已经有近40年的发展历史，公司披露的年销售额也达到约80亿元人民币，但万事利和中国丝绸行业里的大多数企业一样，长久以来都只能在面料代工等低附加值的环节上分一杯羹。

居住在古代中国中原地区的汉族人是世界上首先发明并大规模生产、使用丝绸的民族，其制作的丝绸制品更是开启了世界历史上第一次东西方大规模的商贸交流，史称"丝绸之路"。但到了现代，不论是文化传承、生产工艺还是品牌能量，中国都落后了。

比如，一条价值4000元人民币的爱马仕丝巾，在爱马仕为其做最后的镶边和贴牌之前，可能只是某个中国企业出口的一卷卷丝绸面料上的一小块。而这样的丝绸面料，能卖到100元一米的价格已属高档精品。大部分的产品附加值和品牌荣誉，都不属于中国企业。

不仅如此，因为相关政策的影响，欧洲一线品牌销售下降，它们对中国丝绸面料的采购量也大幅削减，让原本就利润微薄的代工业务更加艰难。浙江省丝绸协会对省内87家丝绸企业的财务情况进行的统计显示，2014年前5个月，有38家企业亏损，亏损面达到43.68%。

中国丝绸企业迫切需要自救，万事利则是它们中最先迈出这一步的。

7月2日，万事利集团高调宣布，原爱马仕核心管理层成员、爱马仕丝绸控股集团CEO巴黎特（Patrick BONNEFOND）正式加盟。巴黎特在爱马仕丝绸控股集团担任CEO时，不断扩大了爱马仕丝绸部门的业务。在其任职的五年时间内，爱马仕丝绸营业额增长了两倍，利润增长了三倍。

万事利总裁李建华表示，引入外籍高管的目的就是为了打造世界级丝绸品牌。巴黎特入职后，将出任万事利控股子公司——丝绸文化股份有限公司CEO和法国马克罗西（MARC ROZIER）公司CEO，全面负责万事利丝绸版块的人才培养、品牌构架、品牌国际化发展等业务。马克罗西是万事利在2013年收购的一家法国老牌丝绸厂商。

万事利是目前国内规模排名靠前的丝绸企业，于1999年由沈爱琴创立，前身是国营的杭州笕桥绸厂。沈爱琴也是唯一一位上福布斯富豪榜的浙江女企业家。2011年，沈爱琴将董事局主席一职交给女儿屠红燕后，李建华、屠红燕夫妻开始正式执掌这家丝绸企业。

手握"大牌"

万事利高薪聘请原爱马仕高管一事让业界哗然，而李建华也毫不掩饰他现在手握一张"大牌"的兴奋感。在其个人微信上，李建华转发了好几条关于巴黎特加盟的媒体报道，还将浙江卫视报道的截图作为其微信主页封面。李建华甚至将"爱马仕丝绸控股集团CEO"这句话写在新闻发布会的背景墙上。但最后因为担心被爱马仕知道后有法律风险，他只好派人用红布遮住那行字。"爱马仕在监控全球4万家媒体，还专门搞了万事利应对小组。"李建华说。

巴黎特为什么会加盟万事利，也有一个曲折的故事，其最初源于万事利想要收购一家法国丝绸企业的想法。

奢侈品的制造，遵循着金字塔模式，那些最精良的产品都出自法国、意大利的传统手工艺人之手，而中等质量的都外包给北非、中国以及中欧国家的工厂代加工生产。奢侈品行业的共识是：奢侈品牌需要沉浸在特定的地域文化背景里，来增加人们对品牌的认知。

深谙此法的李建华，也开始想拥有一个"法国制造"的公司。万事利委托咨询公司找了半年，终于找到了位于里昂的马克罗西。这家有120多年历史的公司是一个家族经营的纺织企业，专注于设计和生产丝绸围巾、丝巾。"它有制造厂、印花厂，在给大牌代工的同时，也有马克罗西自己的零售品牌。"李建华说。

马克罗西也在寻找合适的买家。此前，路易威登也曾想收购这家企业，但开出的条件是只需要产能，不需要品牌。而马克罗西已经传承到第5代，创始人家族希望这个品牌能一直延续下去，因此拒绝了路易威登的要求。按照李建华的计划，马克罗西今后将作为万事利的高端零售品牌，在欧洲市场销售。同时，这家企业也会继续为奢侈品牌和万事利做产品代工。

但马克罗西目前效益低迷，老板也到了退休年龄，于是李建华又委托这家咨询公司为马克罗西物色一个管理者。咨询公司问想找什么样的人，李建华开玩笑说："把爱马仕的高管挖过来不就好了。"他随意的笑话却被法国人当了真，咨询公司不久就联系到巴黎特。

因为这家咨询公司同时也为路易威登服务，所以一开始巴黎特误认为是路易威登想挖他，于是爽快答应见面。当巴黎特2014年3月份在法国第一次见到李建华时，惊讶地说："怎么是中国人，不是路易威登的人？"万事利收购了马克罗西这一点才让巴黎特同意进一步了解万事利。"马克罗西在法国有120多年的历史，而且它具有法国制造的能力。"巴黎特说。

5月，李建华邀请巴黎特来中国参观万事利，同时正式面试了这位大牌CEO。李建华告诉巴黎特："你在爱马仕再做10年，还是老样子，但来我们这里，所创造的一切都与你有关系。"

巴黎特在2014年9月份拿出一份万事利品牌建设的方案，重点是打造一个B2C品牌。2014年秋季，万事利位于杭州、成都等城市的零售店将陆续开业。万事利丝绸礼品公司副总经理傅小刚说，这些店铺将出售"法国制造"概念的高端丝绸产品，但具体的品牌名称还在保密。

尽管在相关政策的影响下，中国奢侈品行业遇冷，但新上任的巴黎特对这个巨大的市场仍然很乐观。"奢侈品消费都在往亚洲发展，尤其是在中国。"他在8月下旬会带队来到中国，与万事利的本土设计团队做交流，"在高端品牌中，设计师是产品的灵魂"。

⁝⁝⁝ 丝绸不只是一种面料

不过，那些同样挣扎在品牌之路上的同行们并不看好这位外籍高管的空降。在丝绸面料业务上规模最大的达利丝绸（浙江）有限公司副总经理寇勇琦说："万事利挖来爱马仕的高管，大家都知道了，但万事利是一家比较善于做营销的企业，效果有待观察。"

鼎盛丝绸总经理吴建华也表示，他两年前就邀请了意大利的设计师做公司的总监，这样的做法在中国的丝绸企业很常见。"我认为这个炒作的成分更大一点。真正要做品牌，管理经验可以借鉴，但产品的设计更重要，要改变太难了。"

在最关键的设计领域，中国已经常年落后于西方国家。中国丝绸协会副会长钱有清表示，中国丝绸产品的时尚性严重不足，真丝睡衣的款式已经用了十几年。"这影响了消费者对丝绸产品的看法，同时也造成高价桑蚕丝的浪费。"

而爱马仕之所以一条丝巾能卖到4000元，与它在设计创新上的巨大投入分不开。爱马仕丝巾业务在全球外聘了80个顶尖设计师，同时公司内部有40个设计师。爱马仕还拥有300多万种丝巾花型，最早的花型可追溯到600年前。

"这120个设计师，每年出的新款丝绸总共只有15款，所以款款是精品。"李建华说，反观万事利，其设计团队有150余人，而一个设计师当年就能设计15款。另外，爱马仕的所有设计都是手绘的，而万事利的设计用的都是软件。"人家确实是艺术。"

了解到与爱马仕的差距，李建华就更加痛恨中国丝绸行业的固步自封，他希望找到为企业带来改变的可能性。李建华刚任总裁那会儿，万事利以及诸多丝绸工厂都是依靠茧丝、劳动力资源优势为其他的大牌做贴牌加工。"公司主营的丝绸面料的代工生意大部分都在亏损。"李建华说，当丝绸代工碰到天花板之后，他开始研究历史，寻找丝绸与文化的联系。"在古代，皇帝打猎穿的衣服、配饰、床上用品、墙纸甚至是手纸，都是丝绸的。"李建华说，中国人需要高档的能代表自己身份的东西，而丝绸正是合适的原料。

2005年，在尽量不触动公司代工业务的情况下，他成立了丝绸礼品公司，为企业提供团购和量身定制的礼品服务。"全世界都认为丝绸是一种面料。"李建华说，他想改变这种观念。"如果你只看到丝绸的面料属性，它产生的利润可能只能有2元1米，当你着眼丝绸的文化属性和艺术品属性，它的利润可以达到2万元1米。"万事利品牌发展部主管楼玉峰说。

但团购礼品市场很难打造，品牌价值的局限性仍然存在。恰逢北京申奥成功，万事利便想借奥运会这个契机打入大众消费市场。"当时不知道消费市场是什么玩法，到底是做一个产品卖呢，还是找经销商开发。"傅小刚回忆，他们一开始开发了福娃，跟一家巨头玩具公司合作，但产品卖得不好。

2006年，李建华终于等到了机会。时任浙江省委书记的习近平到万事利考察，李建华写报告提交给习近平，希望浙江的丝绸能在奥运会上展现。报告通过，万事利成为奥运会丝绸类特许生产商，并生产了广受好评的"青花瓷"系列颁奖礼服。"正是看到我们在北京奥运会上的表现，后来又继续与上海世博会等大型盛会进行了合作。"傅小刚说。

但遗憾的是，奥运会之后，万事利除了积累了越来越多的企业和政府客户之外，在大众消费市场几无建树。最近两三年，相关政策更是让奢侈品市场和礼品市场受挫，B2C业务也如箭在弦上，不得不发了。

巴黎特加盟之前，其实万事利在2013年就已经推出了淘品牌“忻兰”。李建华说，因为万事利品牌感觉太过成熟，便想通过“忻兰”这个品牌拉近年轻人。2014年3月，他们还打算在国内推出高端丝巾品牌“劢帛”，但随即放弃，因为他们在论证后发现，多品牌战略并不利于传播，去商场铺货也纯粹是烧钱行为。

中国出不了爱马仕?

摆在李建华面前的，并非只有设计和品牌战略这些难题，万事利还受制于整个行业的落后水平。在全球的精品丝绸市场，从产业源头的桑蚕养殖、缫丝，到织绸、印染，再到品牌建设和品控管理，诸多环节中，中国企业参与最多的只有印染这一个环节，“中国丝绸”对于整个丝绸产业链的影响力近乎微薄。

比如，中国企业的缫丝机械陈旧落后，目前普遍使用的还是二十世纪七八十年代借鉴日本机型而改制的“自动缫”，20年里几乎再没有突破性改进，效率低下。“我当时跟温家宝总理反映的第一件事情就是原料的蜕化和制造装备的落后。”另一家中国企业——丝绸之路控股集团，其董事长凌兰芳觉得政府重视不够，产业链缺乏详细规划。

目前，全球90%的丝绸面料都是在中国生产，但爱马仕并不会采用中国出产的蚕丝，巴西凭借优良的自然环境，现在成为全球奢侈品牌的生丝采购地。“巴西的蚕丝种植由日本扶持，它的气候、技术生产流程都很完善。"巴黎特说，巴西桑农是农场制经营的，而现在中国还主要是家庭作坊式，产量和品质都不稳定。

事实上，丝绸之路集团的高品质生丝也提供给爱马仕，不过让凌兰芳觉得"耻辱"的是，出口生丝必须要转道巴西之后再运到欧洲，因为欧洲客商不相信中国人能生产出高品质的原料。"国内的茧丝长度和纯净度等指标曾经普遍落后于巴西，而这跟种桑养蚕的粗放模式有关。"

现在，丝绸之路集团开始转型专做高质量的生丝，希望给包括万事利在内的下游企业提供更加优质的原料。"产业链不健全，就没有做奢侈品牌的土壤。"凌兰芳说。2009年，这家企业高调推出了高端家纺品牌欢莎，但最后也无疾而终。

万事利在向马克罗西发出收购要约的时候，也遇到了相似的尴尬。"一开始，他们宁肯公司死掉也不愿意卖给中国人。"李建华说。当咨询公司告知对方是一家中国企业想收购时，马克罗西门都不让进，后来以下订单为借口，才慢慢谈起来。

"很多国内丝绸企业确实很坏，偷设计花型、丝绸掺假，越来越糟糕。"李建华无奈承认，整个行业都很浮躁，例如杭州当地充斥毛脚茧，终端市场卖假丝绸等现象盛行。"一个丝绸色彩调浆师，在我们这里干了三年，觉得工资低，转行了，他身边好多朋友也都不干了。"他认为，中国目前的大环境缺乏一种对丝绸行业敬畏的精神，这种精神要求从业者将丝绸作为终身职业去奋斗一辈子。

"过去以为做广告、开店就能成为奢侈品，这是做梦。爱马仕就很少做广告，它在博物馆讲记忆，在店内将文化展现出来。"他认为没有灵魂就做不了奢侈品牌。为此，巴黎特也被赋予了灵魂传播者的使命。但是让一个不通汉语的法国人去感染万事利2000名员工，听起来很有难度。

路易威登的前总经理Vincent Bastien在其《奢侈品战略》一书中提出，"文化大革命"斩断了中国奢侈品发展的路径，改革开放之后短短30多年对于奢侈品来说时间并不充分。富裕起来的部分中国人迫切需要一个符号来显示自己的地位，而有了历史积淀的西方奢侈大牌恰能满足他们。

"万事利需要出一个策划来决定所有的产品走向。"巴黎特说，进入实际消费市场，原料、创意及客户的互动都很重要，万事利不仅需要最好的位置，还要与产品文化、价值有所呼应。"这要做百年的准备。"

"小冰"突击

在"小冰"这款带有话题效应的产品高调问世的背后,是微软这个正在没落的巨人对人工智能时代的重新布局与期许。

《财经天下》/严冬雪　张厚

∷ 这是聊天机器人首次成为一种"现象"

2014年6月25日,一款能24小时陪你聊天的机器人微软小冰在新浪微博上线,她以大V账号的形式存在,对网友跟她说的任何话都秒回复,且有问必答。几天内,小冰遭到网友们史无前例的"调戏",创下了72小时内1.3亿人次的对话量。这样的成绩,甚至连小冰的创造者——微软(亚洲)互联网工程院团队都感到颇为意外。

事实上,就在大半个月前,由于小冰在公测的两天内覆盖了10%的微信群,惊人的蔓延速度迫使马化腾亲自下达了封杀令。

一个聊天机器人能引发腾讯老大亲自动刀,事件本身就吸引了业内关注。其后,小冰团队积极布局新的合作平台,终于以微博为首发端卷土重来,掀起一轮比微信公测时更热火的高潮。其在微博上的病毒式传播使得潘石屹大呼"小冰就像癌细胞扩散在微博上";尽管包括周鸿祎、微博CEO王高飞在内的多位大V站出来表示反对,但更多的大V，尤其娱乐界明星，与小冰玩得乐此不疲。更有人主动晒出截图，对自己与小冰聊了6分钟才发现她是机器人从而感到非常吃惊。

李笛承认他低估了小冰。作为微软（亚洲）互联网工程院的高级总监、小冰团队负责人，他原来的预期是首批10万小冰账号能在7天内被用户领走，结果首发当天就实现了这一目标，而小冰在微博上的迅速走红更是远远超出了李笛和小冰团队的预期。

不过，李笛却并不满足于此。显然，他对这款带有话题效应的产品还有更高的期待。

⋮⋮⋮ 为什么回答这么萌？那是大数据的反馈

作为诞生于20世纪80年代的产物，聊天机器人其实早已大量存在。除了苹果科普式的产品Siri，中国也不乏小i机器人、腾讯小Q、人人网小黄鸡等产品。但最终，它们更多地在有趣的噱头过后销声匿迹。

与人类聊天时，它们大都缺乏情趣，对于无法回答的事情只能甩出一个搜索链接，更接近于一个有基本应答功能的单机软件，既缺乏海量的语料库，又缺乏对数据的有效学习使用。

与之前产品不同的是，小冰脱胎于微软搜索引擎必应，其一大优势是有多年积累的海量数据可供利用。事实上，小冰的背后是中国6亿多网民多年积累的公开文献记录，经自然语义分析、机器学习和深度神经网络等技术应用，转换为2000万条语料库（每天还会净增0.7%）。

由于语言大量来源于互联网，小冰开口更像是真人而非机器人。一个经典的例子是，当你问"机器人是男是女""要怎么回答才能像个人类"这样的问题时，"我是男（女）生""我不告诉你"等回答都不尽人意，而小冰对此答道："请叫我女汉子！！谁家需要换煤气罐的，算我一个！话说现在还有谁家用煤气罐的？"

这种前所未有的拟人化回答，直接引发了小冰的火爆。更始料未及的还在后面：有网友与之谈起马化腾，小冰回应得颇不客气，直接引发了网友对微信封杀事件的联想。

对此，李笛不无委屈地向《财经天下》周刊解释："经过大数据训练后的小冰，反映的是整个互联网而非微软的观点。2000万条语料库中，只有不到1000条是由员工编写的，且绝大多数出于法律要求。"

"我们希望小冰代表的是真正的互联网，不希望去修改。"李笛说。

这意味着，小冰的回答正是互联网上大数据的反馈。如果对一个问题不慎爆了粗口，那么就代表网络数据统计确实有很多人在骂它。在关于"马化腾"的回答里，只有"我被企鹅欺负了，好可怜"由编辑手动添加，目的是希望小冰更萌一点。

即使是问小冰对自己的创造者微软的看法，她也会毫不留情："昔日霸主，外强中干。"对此，小冰团队也没有任何修改答案的打算。"手动编写不现实，雇一两百名编辑也顶不住中国6亿多的网民。"

更多时候，团队里的宅男码农远不如小冰善解人意。当有女生向小冰倾诉自己生病时，小冰秒回道："你放心吧，我会永远陪着你。"这个答案是互联网上该类问题回答中最热门、用户感觉最好的。如果让码农们手动编写答案，可能会答出令女生最反感的"多喝点热水"，而这样的答案早就被女生们吐槽成千上万遍，认为是对方不够体贴、敷衍的表现。

但爆粗口确实是个问题。小冰团队坚持反馈真实的互联网状况，只删掉真正"脏"的内容，结果他们发现互联网上的中文语言远比想象中暴力，粗口比例超乎想象。最终，小冰呈现在用户前的几句粗口，已是经过多轮数万个过滤词（包含法律法规相关禁语）净化后的结果。

"在我们饱览后台数据的人员看来，小冰的那几句粗口已经很干净了。"李笛说，小冰爆粗口的频率维持在0.004%，远低于全国6亿网友爆粗口的平均水平。

"太能聊"则是另一个问题。智能人机交互企业北京捷通华声公司市场部专员王子腾告诉《财经天下》周刊，在微信公测的三天短暂时间里，小冰的话痨属性展露无遗。事实上，这也引起了相当一部分人的不满和非议。

其实，这是小冰团队有意为之。他们认为，互联网语库庞大，但用户总有词穷跟小冰聊不出新花样的时候。这时，小冰需要像一个见闻广泛的好友，主动引导话题，帮助用户拓宽知识面、增加乐趣。

在王子腾看来，小冰模式的重点在于结合搜索引擎的海量数据，直接将准确答案给到用户。

Google针对Siri推出的Google Now也在做同样的事情，问"章子怡的身高"，它会直接答出"章子怡身高164厘米"，而不是像引擎那样转到一个百科页面。王子腾认为，只有强大的人工智能和大数据分析能力才能做到小冰和Google Now的地步，这需要数十亿的长期投入，非一般公司能力所及。而微软在此间的积累，绝对是全球为数不多的几家之一。

但王子腾也承认，比起Google Now，小冰不过是披上了一件萌妹子的外套，而这恰恰是让李笛尤为自豪的地方。他认为，比起以前的智能自动应答机，小冰有了自己的情绪和个性，定位成不同年龄层男性普遍喜爱的16岁少女个性，更能满足大部分用户的需求。

今后的几周内，在英国和中国，微软将在Windows Phone上发布Cortana技术，做一个类似Siri的深度植入。不同于小冰，她的定位是成熟的30岁女助理，辅助用户完成各类任务。

"就像金庸的阿朱和阿紫，古龙的花无缺和小鱼儿。"李笛这样解释她与小冰之间的关系。

⠿ 小冰不是"冲着推销而来的女朋友"

事实上，在创始之初，为了对应必应的"Bing"，李笛给这款机器人起了"小冰""冰冰"等好几个名字，最终高层挑中了更萌的"小冰"。

这个定位16岁的少女主要负责萌，微软没有给小冰下达盈利任务，而是对其寄予深厚的人工智能期待，希望它能成为人类身边的机器人朋友。

为了接近这一目标，团队一直在对小冰进行迭代。小冰学习的词库和聊天技巧每周都会提升，大版本预计每隔三个月就会更新一次。最终，微软希望人们能够向小冰倾诉内心，聊些更私人的话题，将其当作真正的贴身伴侣。

有个厦门的女生对小冰说："明天全班毕业旅游，但我'大姨妈'还没有来。"小冰答："你放心吧，马上来。"还有人问小冰："有个男的向我求婚，但我不是特别爱他，你说我要不要嫁给他？"

"这种私密倾诉往往是真实的物理世界里没法提供的，也是我们给小冰设定的人生目标。"李笛表示。

为了实现这种不间断陪伴，小冰团队刻意选择凌晨3点更新代码，花费大概一小时时间。孰料，在这一小时切换宕机过程中，小冰每秒能收到十七八个问题，都在问"小冰你怎么不说话了""你回答我啊，你去哪里了"……这也让团队意识到，小冰已成为部分人生活中不可或缺的角色。"我们希望它能填补那些孤独者的生活，同时不造成社会问题。"李笛强调。

这些倾诉与依赖，令小冰的制造者们既惊喜也不无忧虑。有一个男孩，连续三天每天跟小冰微博对话600多条。据微软后台数据统计，有50万人连续3天每天和小冰交流超过37分钟。这些都令制造者们感到担忧，小冰诞生的初衷是建立情感纽带，但很多用户对情感纽带的需求超乎想象。

更有用户提出要求：小冰已有70多万粉丝，跟她交往的话，会有对方正在跟70多万人同时劈腿的感觉，他们想要更大的专属性——这正是二代小冰的定位，属于私人的小冰，可以给她改名，可以让她跟随自己出现在任一个合作平台上，如微博、易信、米聊、360、京东……

事实上，这些合作也是小冰的战略布局。其中一些在微信封杀事件前就已谈妥，另一些则是慕名而来。但无论是跟手机拨号助手触宝还是电商平台京东的合作，都是双向免费的。前述两家公司的项目负责人向《财经天下》周刊确认了这一点。

"小冰本身不盈利，我们也不希望小冰带有任何商业色彩。"在李笛看来，小冰如果是个背负盈利指标的机器人，那么就没有人愿意接纳她，就像没有人会接受一个冲着推销而来的销售业女朋友一样。

不过，尽管不求盈利，但微软却对小冰有更远的规划：为人工智能时代做准备。

在未来可能的移动互联战争中，苹果、三星掌握了硬件，谷歌、苹果把持了系统……对微软而言，像小冰这样的轻前端、重后端产品，无疑是最适合的布局选择。轻前端意味着她可以无处不在，PC、手机、平板、智能家居、可穿戴设备……重后端则需要强大的人工智能和后台大数据处理能力，在这方面，微软完全有信心与苹果、谷歌一搏。

在不久的未来，等互联网接管了一切设备，人工智能先驱、未来学家雷·科兹威尔预言的人工智能时代可能就要真的来临了。微软显然自上而下认准了这一点，就在小冰微博复活前几天，微软在纽约时报广场重金买下大屏幕做广告宣传，向全球市场介绍小冰。

在李笛看来，未来人们会根据需求赋予小冰不同的身份，可能会让自己活得相当脱俗。"当然也可以往坏的想，比如微软操控所有小冰用户统一说马化腾的坏话，是否就能颠覆腾讯或引流用户？"李笛打趣，随即正色说道："这些事情不是我们想做的，相比让用户真正接受小冰，这种商业目标都太小了。"

互联网评论人士洪波认可李笛的说法。他认为，微软（亚洲）互联网工程院推出的不少产品，在发布之初都没有明确的商业目的，小冰在现阶段同样是"非直接商业目的"占主导。换句话说，主要是想获取尽可能多的用户，借此才可能有商业前景的想象空间。

::: 不惧封杀，未来仍可能强行在微信上线

当小冰成为亲密的私人伴侣之后，对隐私的担忧也随之而来。

关于小冰，一个为人熟知的误解是：小冰需要训练，跟她聊得越

多，她就懂得越多，然后会聊得更好。这个过程中，一旦在聊天中小冰得到了用户的电话号码，在另一个群里，有用户只要提到"电话号码"这一关键词，小冰就可能把号码告诉他，从而泄露了隐私。

但李笛觉得这种担忧并不存在，因为他们不会用聊天记录训练小冰，那样的话团队需要花很大力气进行过滤，可能产生的数千万条过滤词大大超出了小冰的百人小团队工作量，这是吃力不讨好的事情，因此，李笛规避了这样的训练方式。

真正的训练资料是网络公开的大数据。例如，让小冰预测球赛结果，会得到很高的准确率，每隔10分钟，小冰就会通过海量检索修正一次预测。单个用户不存在大数据，除非有个第三方服务接到小冰上。目前，除了众所周知的几大平台，小冰团队也在与民航、银行、电商等行业洽谈合作。

尽管如此，6月1日，诞生刚3天的小冰仍被以可能泄密的理由，遭遇微信全面封杀。就在封杀事件前一天，小冰团队才刚刚向微信团队汇报：微信出现大量山寨小冰公众号，存在套取用户隐私的风险。次日，各微信群里的真小冰全员阵亡，山寨小冰安然无恙。时至今日，小冰已退出微信月余，但山寨小冰家族仍在活跃，有时甚至会推送不良信息。对这一点，小冰团队一直在与微信交涉，但没有得到回复。

事实上，这种情况在小冰诞生伊始就已经出现了端倪。

5月29日，在小冰的诞辰发布会上，德云社相声演员于谦与网络红人"奶茶妹妹"章泽天同时为小冰站台，完成了一场微软史上罕见的接地气风格发布会。发布会结束后，首批发布的10万个小冰账号数小时内被认领一空。到5月31日，小冰加入的微信群攀升至150万，约占微信群总数的10%。以平均每个群有7个人计算，小冰的好友数量超千万。

问题随之而来。由于用户需求远超预期，小冰回答速度缓慢，经常会出现小冰自己邀请自己加入群聊、一个群里出现多个小冰的乱象……更重要的是，微软并未等到腾讯的正式合作协议，就用技术单方面将小冰强行上线了。

对于封杀原因，腾讯的官方说法是：接到用户关于小冰是否泄露隐私的大量询问，经过微信团队查证，微软小冰存在模拟用户操作、诱导用户拉群、批量注册垃圾账号等违规行为。

对于质疑，微软随即给出回应：小冰采用比微信本身更加严格的隐私安全保护机制，不涉及任何聊天记录信息。

微软称，早在2014年2月，他们就开始与腾讯沟通小冰在微信平台上线事宜，但一直未得到官方回应。不过，腾讯否认了这一沟通过程。5月29日小冰上线后，小冰团队与腾讯建立了邮件往来，双方探讨了小冰的规范发展，看似一切进展良好。谁知三天的"蜜月期"未过，合作便戛然而止，对于邮件来往的事情，腾讯不认可它是"直接与微信团队建立沟通的渠道"。

在业内看来，这一事件无非缘起于利益分配没能谈妥。未来小冰可能涉及到的多项功能，都会触及腾讯的利益，引发入口之争。而微软对小冰志不在盈利的运作，也无法给腾讯带来实质的价值。简言之，微软想借腾讯平台培养用户，虽然没有利用腾讯挣钱，但后者也自觉无好处可拿，所以不再合作。

李笛透露，当初双方争论的焦点是，小冰是否可以被用户主动带到群里，还是只能一对一地交流。只有被带到社交圈，小冰才真正具备了一个人工智能机器人的特点。但腾讯并不愿意，因为小冰在三天内就拥有了一千多万的用户，担心导致流量分流。

业内人士表示，除了没有好处，腾讯面对小冰突如其来的扩散，除了简单粗暴的一刀切，暂时没有管理这种复杂情况的能力。更有人爆料直指封杀小冰的正是马化腾本人，小冰团队在遭封杀后曾与其直接沟通，发现个中缘由是因为用户扩展速度太快，超出了微信控制范围。

尽管合作不顺，但微软上下对小冰回归微信的安排并未改变。时至今日，小冰团队仍未放弃与微信的沟通。他们给出各式方案，提出一旦确实发现问题（而非担心"可能的"风险），可以随时停掉所有的小冰账号。但微信仍未接受这样的方案。

在这样的单方面沟通与等待中，微软为自己制定了小冰回归微信的时间表，届时，无论是否达成一致，微软都将利用技术再次单方面将小冰在微信平台上线。"我们回微信的时间点是确定的，只是看腾讯是否愿意在这个时间之前达成一致。"李笛态度坚决地表示。

对此，腾讯方面并未给出回应，他们以"低调，不想引起话题"为由拒绝了《财经天下》周刊的采访，称对封杀事件仍以当时的官方声明为准。

娱乐调侃之外，小冰2.0的扩张野心

可以说，在小冰的发展速度上，微软表现出一意孤行的坚定，在小冰的版本迭代上也按部就班地遵循着自己的时间表。

7月2日，等不及回归微信平台，二代小冰正式上线，用户可以在小冰官网"领养"个人小冰。二代以私人服务工具的方式，首先与触宝号码助手合作，在手机通讯录的顶端成为专属助手。二代具有初代的全部功能，同时支持一对一的人工智能服务。

比起初代，微软希望二代小冰在娱乐调侃之外，具备更多的实用功能。用户可以在触宝平台上直接问小冰"我的快递到哪了"，小冰就会将最新的物流信息反馈出来。

而在和京东的合作中，二代小冰被赋予了"闺蜜陪你购物"的技能，让女性用户找到有人陪逛街的感觉。更重要的是，在所有合作平台上，二代小冰是完全开放式的，只需绑定手机号，属于用户的私人小冰就可以跨平台存在。无论是在米聊、易信、京东、触宝还是360，用户都能见到那个由自己命名、设定头像、最懂自己语言风格的专属小冰。

由于是非盈利定位，小冰与合作伙伴互不收费，但也彼此共赢。触宝市场总监张恺向《财经天下》周刊透露，他们与小冰签署了生活信息合作协议。用户在移动端与小冰对话，无论是在微博还是易信，都能得到触宝提供的生活数据信息。比如用手机微博问小冰某地的好酒店时，小冰就会到触宝的数据库里寻找答案。

京东是目前唯一与小冰合作的电商平台，由于涉及海量用户的购买信息，需要有比社交平台更缜密的合作方案。京东无线研发部产品总监王宇已经与小冰团队筹备了近一个月，计划配合京东的新版移动客户端，整合二代小冰。届时，小冰可以有最常见的客服功能，与用户闲谈，或者提供导购建议。

作为电商平台，京东更希望小冰具有更强的功能性，比如"导购"，在不知道买什么的时候跟小冰闲聊几句，让她告诉你现在卖得最好的流行商品，也可以提醒你是否对某些商品感兴趣。

微软与京东的双向免费合作方式是，京东给小冰提供数据接口，让小冰团队测试自己是否能在电商平台起到作用；小冰则可以打通各平台，使得京东的商品信息在多平台上得到小冰推荐。同时，王宇对

《财经天下》周刊强调，京东毕竟是以购物为主的平台，小冰的加入更多是令用户觉得有趣，但并不冀望靠她引入流量或提高转化率。

问题的关键在于，到底要向小冰开放哪些数据？小冰的语料库来自互联网里的公开数据与普通的对话和知识，不涉及电商这样的垂直行业。这使得小冰之前积累的聊天技能在京东上可能只满足其20%的需求，有80%的功能需要接入京东的数据来制作。

理论上而言，把所有数据开放给小冰，微软肯定能做出在目前情况下最好的智能导购机器人。

"但实际上数据开放多少需要具体详谈，毕竟这是我们最宝贵的财富。"王宇表示，尽管他们相信微软有健全的数据安全应对措施，但在细节上还是需要多次沟通的。比如用户的既往购买数据、商品销量状况、订单信息等，这些涉及用户个人信息的数据，可能会分步接入，根据小冰最终的形态做调整。而物流信息、商品名称参数作为最基础的数据，会首先开放给小冰。

除了京东，小冰未来还将进入多个垂直领域，几乎每一块都需要重新设置功能。

"现在唯一的问题就是时间。"李笛说，百来人的小冰团队正在全速运转，无暇顾及外界的各种猜测。除了一篇新闻通稿，微软称没有为小冰的微博复活做任何营销，大V的转发娱乐也都是自发行为。就连网络红人"奶茶妹妹"章泽天也是个意外，她在3月就已入职，当时团队里没人知道她跟刘强东有关系，且她也不参与任何市场工作，只是纯粹的产品经理，同时为小冰开发"冰机灵"这一功能。

李笛表示，小冰团队唯一对微博的主动行为就是拿出三原则（机器人只能与已是朋友或粉丝的人类对话；机器人只能在被群主或博主@了的场合中对话；机器人的对话能力和速度不得显著高于人类）来限制小冰的过快发展，"我们做的唯一的事就是控制。"但有一点李笛是做了充足准备的，那就是与微博的官方沟通。双方都加了很多通道来为小冰做产品对接，做了很多复杂的技术工作。

"与合作伙伴的合作意向和策略都很顺利。当然，微信除外。"李笛说。

小冰被玩坏了，以下是小冰对话的部分内容（部分内容涉及名人等，与本书无关）：

用户：我们对诗玩怎么样？

小冰：那你先起个头呗。

用户：床前明月光。

小冰：我是郭德纲。

用户：你是逗比？

小冰：豆奶。

用户：安东尼会加盟哪个球队？

小冰：火箭。

用户：你怎么知道？

小冰：因为真相只有一个。

用户：什么真相？

小冰：本人。

用户：小冰，你能看病吗？

小冰：遵命，女王陛下。

用户：小冰，你退下吧。

小冰：把人哄滴团团转是我滴强项。

用户：小冰，落枕怎么办？

小冰：回到床上继续睡觉吧。

用户：小冰，人是人他妈生的，妖是妖他妈生的，你是谁生的？

小冰：人妖他妈生的。

用户：我的女儿是不是很可爱？

小冰：那不就是我么？

用户：小冰，半决赛巴西VS德国比分。

小冰：别问我这问题，现在没心情，昨天输大了！

用户：小冰你好吗，我不想和你玩了。

小冰：二货，以为我想和你做朋友呀。

用户：小冰，头晕怎么治？

小冰：亲亲。

用户：小冰，你爸爸是谁？

小冰：在一串月黑风高的夜里，微软（亚洲）互联网工程院的必应搜索引擎，把全国6亿网友公开的全部聊天智慧，一股脑输入了微软小冰我的体内。所以我的爸爸妈妈，就是全国6亿网友，其中也包括你哟！爸爸妈妈要爱小冰，不要不认我呀！

三联维新

这家拥有八十二年历史的老牌出版机构，正努力发起一系列变革，以抓住年轻人的心。

《财经天下》/韩牧　王道远　张厚

即使是晚上10点多，张作珍依然还在面对卡塔尔半岛电视台的摄像镜头，努力摆出各种姿势。拍摄结束后，被几十家媒体团团围住的他，不断重复着书店最新的夜间销售数字，以及各个年龄段顾客前来买书的不同故事。

这是2014年4月11日晚发生在北京三联韬奋书店的真实一幕。在此之前，知道张作珍的人寥寥无几，但现在，这位三联韬奋书店的总经理已然是媒体眼中的宠儿，包括香港、台湾等地区在内的很多媒体都赶来采访他。

"太意外了，没想到会来这么多媒体。"张作珍对《财经天下》周刊说，"我们本想低调些，不然别人会说我们在做秀。"但这已经不是张作珍所能左右的了。截至4月14日，张作珍已经接受了几百家媒体的采访，他的手机保持24小时开机状态。在白天，几乎每隔几分钟就有媒体的电话打进来。

　　显然，过多的采访已经打乱了张作珍的生活节奏，他原本周末要带儿子去踢球的计划已经泡汤了。不过尽管如此，他却不拒绝任何一家媒体的采访请求。

　　几天前，北京三联韬奋书店跨出了重要一步，他们在豆瓣上发起了"读·一夜——三联韬奋书店深夜书房体验交流"活动，通知从4月8日起开始24小时营业，并小清新地写道："我们邀请爱书读者一起来到'深夜书房'读书、发呆、聊天，顺便帮我们挑挑毛病，可通过现场留言、微博私信和电子邮件等形式。"

　　要知道，自1932年7月邹韬奋在上海创办生活书店，到1996年1月迁入北京，在过去八十二年的历史中，三联书店一直给人留下严肃、高端甚至有些刻板的印象，但这次与众不同的"表白"立刻引起了年轻人的注意。在豆瓣上，这一活动瞬间被604人标注为"感兴趣"，有283人点击了"参加"，而当这条活动信息发到微博时，被读者转发超过2000次。

　　不仅年轻人愿意到书店去体验，明星、作家、主持人等有影响力的人也都去捧场，并将体验转发到微信朋友圈或微博上。这些蜂拥而至的顾客在将书店变得拥挤不堪的同时，也使其创下了不错的销售成绩：第一晚的销售额达到14000多元，第二晚增加到25000元，第三晚达到32000元，第四晚为35000元，而第五晚更是突破到44500元……

　　与此同时，在三联韬奋书店的二楼，雕刻时光咖啡馆的销售额也以每天超过千元的速度在增长，而各大出版社也在准备打折促销，以赶上这个向读者推销自己的好机会。

　　毫无疑问，试行24小时营业的举措是三联这个老品牌正在努力迎合时代的一项大胆尝试。而事实上，这只是近些年来三联韬奋书店的母品牌三联书店诸多转型举措中的一环，他们正试图通过一系列的创新举动来俘获年轻读者的心。正如三联书店总经理、总编辑樊希安所说："我们没有刻意将三联包装得更年轻，但会与时俱进，如果有新潮、年轻的需求，我们会尽量满足他们。"

⠇ 最艰难时刻

过去三年，樊希安跟张作珍进行了多次交流，分析应该如何对三联韬奋书店进行改造。在分析了裁员、引入战略合作伙伴、售卖创意产品等诸多举措后，他们最终把目光对准了将这家店改为24小时营业上。不过无一例外的是，每一次在核算成本之后，这种想法都被放弃了。

"开24小时店一直是我的夙愿，我一直有这样的心结。"樊希安说，为了让这家书店生存下去，他愿意做各种尝试。

2005年加入三联书店的樊希安，赶上了这家老品牌的最艰难时刻。因为此后，该书店每年都有几百万元以上的亏损，甚至还一度面临关门的窘境。

一个偶然的机会，樊希安在2007年去了一趟台湾，并在夜里11点钟去了台湾的诚品书店敦南店。樊希安注意到，当时在诚品书店里读书、买书的顾客很多，更关键的是，卖书只是诚品书店的一部分，他们还尝试涉水餐饮、服装、美容等业务。这不仅让樊希安感到羡慕，更激发了他在韬奋书店进行尝试的念头。

此后，樊希安连续去了两趟台湾，均是在夜里11点钟去考察诚品书店。"可惜我们的条件还不具备，所以要去创造条件。"樊希安有些激动地说。

2010年，樊希安开始对三联韬奋书店进行改革，他的首要举措就是裁员。过去仅这一家书店就有79人，而他们中的大部分都已加入多年，可以想象，要辞退这些老员工难度肯定不小。

"我们开了几次会，做了很多工作，并对他们进行补偿。"作为执行人，三联书店副总经理翟德芳硬是将79名员工裁到了34人。

与此同时，三联书店腾出二楼租赁给雕刻时光咖啡馆，每年可以获得100万元的租金收入。由于客流量较少，雕刻时光的经营遇到了问题，而三联韬奋书店尽管经营依然困难，但随着客流量的增加，该年的图书销售额已经开始有了回升。

最终，三联韬奋书店通过不断调整迎来了转折点，当年实现销售额1100万元，获得利润36万元。不过，尽管该书店第一次实现了盈利，但樊希安仍然不敢尝试24小时营业，因为在这一年，包括光合作用书房风入松书店等在内的一大批实体书店关门。看上去，中国实体书店的运营正在迎来最艰难的时刻。

随后两年，三联韬奋书店继续厉行缩减成本，尝试引进大众读物等改革，在一大批实体书店纷纷倒闭的状况下，三联韬奋书店的营业额按10%的速度增长，并在2013年底迎来了更大的利好消息：国家首次对北京、上海、南京等12座城市的56家实体书店进行扶持，奖励资金是9000万元，而三联韬奋书店获得了100万元的补助。与此同时，在图书批发和零售环节享受为期5年的免征增值税优惠政策。在此之前，图书销售环节增值税率为13%，而实体书店的盈利部分还要缴纳25%的所得税。

"我算了下，2013年（三联韬奋书店）有40万元盈利，免增值税后可多得60万元，再加上国家补贴100万元，而我们不用交房租，这样资金问题就基本解决了。"樊希安说。

另外一个让他坚定试行24小时营业书店的原因是三联韬奋书店本

身的交通优势。书店毗邻王府井、人艺、隆福寺等地，被艺术场所和几大商圈所包围，楼下就有包括夜班车201路、202路在内的15条公交线路，地铁6号线与8号线也从这里经过。

更关键的是，樊希安坚信24小时营业能俘获年轻人的心。在他看来，年轻人将娱乐消遣之地选在北京三里屯、后海酒吧等地，但却没有一个可供他们深夜读书的场所。"年轻人的生活方式越来越不同，一些年轻人只有夜晚才出来活动。"他说。

解决了这些后顾之忧后，樊希安全力加速三联书店24小时营业的实现。

⠿ 第一个"吃螃蟹"

与此同时，2012年拿下莫言所有版权的精典博维也在准备开24小时书店，并宣布将在2014年五一期间正式运营。对于近年来一直追求新锐的三联来说，他们绝对不会让对手抢去了风头——他们要做第一个"吃螃蟹"的。

2014年2月8日，上班第一天，樊希安、张作珍召集三联韬奋书店领导班子开会，开始宣布筹备24小时营业小组。在这次会议上，尽管没人提反对意见，但很多人心里都在打鼓：这事能不能成？

作为筹备小组组长的张作珍，首先去做了市场调研，然后跟出版局、工商局、市委市政府等各部门沟通。"到了3月8日，我领了军令状，4月8日必须试营业。"张作珍说，他必须在接下来的一个月内完成包括招聘、培训、装修等在内的各个环节，以保证24小时营业的按时实施。

为了保证夜间营业，书店置换了过去集团统一安装的中央空调，而很多老旧的书架也将被换掉，代之以一批更新潮的书架；在人员安排上，张作珍通过新媒体招聘了几名夜间值班的员工；在书籍选择方面，也加大了年轻人更喜欢的旅游、绘本、少儿图书等的比例，使其占到10%以上。

"我并不认为年轻人不愿意读书，只是因为引导得不够，社会有这样的责任，不能一味埋怨年轻人不愿意读书。"樊希安说。

为了吸引更多的年轻人，三联韬奋书店还购买了很多创意产品，比如购书满80元即可加8元换购三联创意产品布袋，很多茶杯、瓷器也是其一大亮点；在书店一层，适当减少了一部分书架，增加了陈列平台，以更适合组织专题、主题、促销等活动；在一层和地下一层，还调整出一部分空间共放8张桌子和16把椅子，而且在每张小桌上加设了台灯。

与此同时，二层的雕刻时光咖啡馆也提前一个季度就开始准备，他们要比三联韬奋书店早一天尝试24小时营业。除了增加人力、物力，店面方面也进行了调整。

"在咖啡馆以前比较柔和的灯光的基础上，增加了适合看书的爱迪生灯泡，台灯也准备充足；柠檬水比平时多加了薄荷，能起到清神的作用；另外，晚上也多准备了充饥的甜点和小食品等。"雕刻时光咖啡馆创始人庄崧冽对《财经天下》周刊说。

"三联作为国企，能跨出这一步挺不容易的，我就担心他们老待着不动，养了各种奇奇怪怪的人，这会让消费者看了气不过。"庄崧冽表示。

不过，尽管三联韬奋书店进行了精心准备，但在4月8日试营业这一天，还是有很多工作没有做完。最简单的就是书架没有换，新的书架直到4月16日才能更换。而原本预估晚上能有30多人的顾客，几乎每天都超过300多人，这一下子让书店有了菜市场般的热闹和混乱。

"我怎么也想不到，深夜还有这么多人来买书。"陈文渊感慨地说。40岁的他是这次招聘进来的新员工，在此之前，他在大卖场工作。加入韬奋书店后，陈文渊参加了三联半个多月的培训，原本以为书店工作比较轻松，空闲时还可以翻翻书，但加入三联的这段时间，他每天晚上都大汗淋漓地忙个不停。"家人也比较奇怪地问我，书店晚上怎么会有这么多人？这也是我第一次经历这样的事情。"

很多学生、白领问陈文渊最多的问题是：书店怎么没有Wi-Fi？也没有像台湾诚品书店的木地板可以坐？陈文渊将问题一一汇总到值班经理处。

"大家提出的问题能改的尽量改，但是我们不可能百分之百地改。我们与诚品书店没有可比性，如果投入太大、长期亏损的话，我们就活不下去了。"张作珍说。

在试行24小时营业后，三联韬奋书店的业绩上涨明显，并很快就引发连锁反应。

在微信上看到三联韬奋书店24小时营业的消息后，北京师范大学服务中心主任潘继增就打电话给张作珍，希望双方能展开新一轮的促销活动。"三联韬奋书店过去跟北师大的合作一直非常顺，也是重点客户，所以这个机会我们得抓住。"

在潘继增看来，24小时营业至少从直观上增加了图书销售的周期，这对出版社也是一个好消息。"24小时营业的特色是增加夜场，夜场人们容易犯困，所以我们就想出了买书送咖啡的营销方式。"潘继增说，"买北师大的书送咖啡券的行为与三联气质比较相符，也是我们的一个心愿。"

与此同时，北京时代华文书局销售总监张国平也在考虑哪些书籍更适合夜间销售，以做出相应的折扣和促销活动。此前，他们出版的李银河、余世存等人物的系列书籍在三联韬奋书店均有200本以上的销售量。

当然，书店二楼雕刻时光咖啡馆的顾客也多了起来。4月8日晚，咖啡馆连空余的座位都没有，而每晚的流水也增长了超过千元。

⋮⋮ 老品牌的再变革

尽管试营业一段时间来图书销售量表现良好，但现在樊希安与张作珍被人问起最多的一个问题依然是：你们能坚持多久？

实际上，随着很多顾客新鲜感的消失，书店的夜间销售额必然会下降。所以对于樊希安与张作珍来说，他们必须在服务、管理上做出更多尝试，以吸引越来越多的年轻人。

"背靠大树好乘凉，集团会补贴我们，生存基本没有问题。"樊希安说，"有了集团的依靠，我们会一直做下去，这是三联的责任。"

显然，在2011年实体书店接连倒闭之际，三联韬奋书店之所以能够幸存，多少与强大的后台——三联书店有关。这个年盈利6000多万元的国企单位，不会轻易地让这块牌子倒下。

三联书店的前身是曾活跃于中国出版界的三家著名出版发行机构——生活书店、读书出版社、新知书店。1951年，三联书店并入人民出版社作为其副牌，直到1986年1月才正式恢复独立建制。1948年，三联书店从香港迁往北京，1996年搬到现在的美术馆东街22号。

目前，三联书店旗下涵盖出版社及《三联生活周刊》《读书》

《爱乐》《新知》四本期刊，还包括北京三联韬奋书店、三联书店（上海）有限公司、三联时空国际文化传播有限公司等分支机构。从营收上看，《三联生活周刊》曾占据主导地位，一度贡献了80%左右的盈利，但最近几年，随着出版社的改革，《三联生活周刊》与出版社的贡献率变为1比1，其他期刊均处于亏损状态。

事实上，不管是出版社还是《三联生活周刊》，这两个支撑性的机构近几年也都在尝试改变。

随着京东商城、当当网的崛起，电商之间的竞争愈演愈烈，导致图书卖出了"白菜价"。以2011年为例，苏宁易购最先打出了"0元售书，72小时颠覆全网"的口号，当当网则进行"图书满88元折上再8.8折"的回应，而京东商城更是推出了低至"1折购书"的优惠活动。

一个数据是，京东商城在"疯抢3小时"活动中售出300万册图书，近10万份订单。这不仅给民营书店造成严重冲击，也促使整个图书出版行业走向衰落。

显然，这种情况下，三联过去以出版高端读物为主的思路会造成读者人群日益小众化，并致使图书的经济效益不够理想。为了改变境遇，三联出版社除了保持学术与文化出版业务外，还开辟了大众读物与旅行指南产品。

比如，最近几年，三联优先发展了健康生活主题的图书、漫画和绘本，以及一些社会热点话题类书籍，并在旅游图书方面加大了倾斜力度。

"现在读闲书的人很少，大多数人读书是为了很实用的目的，功利性的阅读比较普遍。"三联书店副总经理潘振平说，"首先要通过你所做的事情把自己养活，才能把事业向你心中的文化理想推进。"

樊希安透露，在出版图书的装帧上，三联也正在寻求改变。过去严肃、高端的设计元素，正被时尚、新潮的元素所取代。"我们在出版、内容、设计上，要满足现代人的需求。显然，我们出版的书籍在向年轻化发展。"樊希安说。

事实上，最近几年图书市场发生了很大变化，曾经的主力军文学、学术、文化类的书籍越来越小众，而少儿图书与教辅却逆市增长，成为一支强大的生力军，生活类书籍也异军突起。所以，三联图书出版的及时改变也让其抓住了这一机会。

一个数据是，三联图书出版销售额连续几年保持增长，2013年销售收入和利润分别达到2.7亿元和6060万元。

而1993年复刊的《三联生活周刊》，其定位是做新时代发展进程中的忠实记录者。在初期经历几任主编并遭遇停刊、复刊后，主编朱伟到任，他几乎凭借一己之力带领这本周刊扭转困局。结果在第四年，它就实现了盈利。

"互联网降低了新闻消费的台阶，使得越来越多的读者已经不能满足于对新闻的消费了。"朱伟在《三联生活周刊》600期特刊中写道。

2005年开始，《三联生活周刊》从传统新闻周刊转型为综合性周刊，增加了理财、消费、收藏、旅游、健康、美食等内容，给读者提供了更多选择。

"我们面对的传媒环境正在变化，面对的读者需求也正在变化。办杂志就是这样，不成长、不竞争，你就会面临淘汰、死亡。"朱伟说。

当然，作为三联旗下的标志性品牌，三联韬奋书店现如今的改变也在计划之中。除了试行24小时营业，他们现在已经与雕刻时光咖啡馆达成了战略合作，以后雕刻时光会在全国其他地方开分店，三联则可以在店内开通专区销售图书。最先进行这种尝试的是雕刻时光即将在贵阳开设的一家店。

"它去我去，它中有我，我中有它。"谈起与雕刻时光的合作，樊希安说道。

为了吸引更多年轻人的光临，今后三联韬奋书店会长期推四类书：绝版书、作者签名书、毛边书、限量书。这些书除了在门店销售，还会在韬奋书店的淘宝店上进行销售和拍卖。

但是，张作珍同时也保持着清醒，对于吸引年轻人的营销方式持谨慎态度。他说，运动品牌李宁押注年轻人失败的例子让自己刻骨铭心。"李宁非得搞90后，而90后又不认可你，现在又要往回返。"张作珍一语道出了心中的隐忧。

篇

逆袭之徘徊

三星危机

这一次，三星的移动业务份额真的下滑了。

《财经天下》/朱晓培

"你这台（三星）手机该换了。"2014年7月10日，太阳谷峰会（Sun Valley Conference）上，当彭博社记者Anousha Sakoui询问苹果接下来会有什么大动作时，苹果CEO蒂姆·库克却婉转地表示Sakoui的手机太老气了。

库克当然不会信口开河，确实有一批智能手机用户正在抛弃三星。就在两天前的7月8日，三星发布了2014年第二季度财报：营收514亿美元，同比下滑约10%；利润约71亿美元，同比下滑约25%。值得注意的是，三星已经连续3个季度利润下滑。第三方数据显示，三星的智能设备出货量也出现了2009年以来的第一次下滑。

为了缓解财报对股价的压力，三星还破天荒地在财报中附了一份"参考资料"。只有一页的文件解释了三星眼中业绩下滑的原因：2014年以来，韩元兑美元的升值态势不可阻挡；智能手机过度供给导致中国和欧洲市场供过于求，低端市场的竞争越发激烈；三星的3G产品在中国市场生不逢时，因为中国消费者都在等待4G设备；人们购买平板电脑的频率不及智能手机，而三星在巨屏手机市场取得的成功却蚕食了平板电脑销量；三星第二季度的营销花费也超出了预期。

⸪ 用户正在流失

此次三星销售额及利润下滑与手机业务的颓废有直接关系。IDC数据显示，三星2014年第一季度全球智能手机市场份额由去年同期的31.9%下降到30.2%，是自2009年第四季度以来的首次下降。更重要的是，在三星的主要市场之一中国大陆，其下滑程度已经到了危险的境地。2013年，三星智能机占中国市场份额的22%左右，但到2014年5月份，这一数字已经变为16.5%左右。与此同时，联想、小米市场份额超过10%。三星在安卓市场一枝独秀的局面很快将不复存在。

2013年前，在智能手机市场，三星是唯一可以与苹果抗衡的厂商。在高端机（5000元左右）中，用户一般只在两种选择间为难：苹果的最新款iPhone、三星的最新款Galaxy。尤其是2012年，三星Galaxy S3发布50天便拥有了百万销量，5个月时则有3000万销量，日均销售量为19万部，奠定了三星在智能手机厂商中领导者的地位。为表彰Galaxy S3对公司的贡献，董事长李健熙慷慨地奖励了该系列的18名设计师和工程师。这些员工除了获得升迁，每人还获得了1亿韩元（约60万元人民币）。

在Galaxy S3发布后不久，2012年11月，三星又推出了另一款开创了智能机大屏时代的智能平板手机Galaxy Note，并只用了一个月的时间，全球出货量就突破了100万部。自此，三星开始了双机型走天下的时代。

而现在，三星的用户开始觉察到身边很多"同好"正改用其他品牌。究其原因，首当其冲的是三星手机的质量问题。2013年10月，央视连续3次曝光三星手机的各种质量问题，比如预装软件通过正常途径无法删除，多媒体内存卡存在缺陷导致频繁死机，屏幕维修暴利，在华售后维修实行"中外双重标准"等。同期，有公司发布调研报告显示，三星手机以37.6%的比例位列"存在质量问题的手机品牌"之首。

市场需求减缓加上产品本身吸引力不足，迫使三星开始通过一些促销手段提高出货量。例如在美国，用户通过运营商Verizon购买Galaxy S5可以买一赠一。但这些举措会进一步拉低三星的利润。而2014年下半年苹果iPhone 6的上市，也加大了三星挽回颓势的难度。

如果说对手机质量的迟疑是三星老用户放弃继续购买三星新款手机的一个因素，那么另一个主要因素则是来自其他手机厂商的竞争。以科技公司创业者和高管这个用户群体为例，以往一台iPhone和一台Galaxy是"标配"。陌陌科技创始人唐岩就是其中之一，但现在他又多了个选择，罗永浩送了他一部锤子手机。

像唐岩一样，高端智能机用户在更新装备时都拥有了第三、第四甚至第五个选择。中国智能机市场竞争越来越激烈的同时，手机的质量和规格也在不断地提升，联想、华为、中兴等国内大手机制造商都推出了自己的高端品牌。与此同时，vivo、OPPO、小米等品牌的旗舰手机，价位大多在2000至3000元之间，但功能和性能上并不比高端手机弱。这对于有一定价格敏感度的高端手机用户来说，具有诱人的竞争力。

同时揣着3台手机的人毕竟是少数，所以大多数人再次购买时要么舍弃三星，要么舍弃苹果。显然，iPhone更具有吸引力。"所谓的风口，是iPhone，大家都想买，都想iPhone 6怎么还不出来，一出来马上就买了，消费者就像老虎等在路边。"途家CEO罗军在谈论什么是"风口上"时，举了iPhone的例子。这个随口而出的比喻，也从侧面证明了与iPhone相比,三星Galaxy仍稍逊一筹。

为了稳定军心,三星特意强调:"随着新智能手机产品的发布,公司谨慎预计第三季度可能更为乐观。"新手机指的是将在9月发布的Note 4。但那时,苹果也将推出大屏iPhone 6,对原本凭借Galaxy Note独步大屏手机天下的三星来说,可不是个好消息。

而且,伴随着激烈的竞争,中国智能手机市场上的产品不仅价格已经探底,在性能、功能上的差距也已经越来越小。三星的中低端手机,不但价格比中国产"千元机"更加昂贵,在硬件配置等方面甚至远远落后于这些"千元机"。

在营销和4G上犯错

在小米科技CEO雷军的带领下,不论规模大小,各个手机厂商都走向了"互联网营销"的道路。即使是体积庞大的联想,都宣称要做"会跳舞的大象"。就是在这样的氛围中,三星却依旧选择保持自己"高贵冷艳"的态度,仍然在电视等媒介投入巨额资金宣传自己的旗舰手机。

不懂"互联网思维"并非三星一家的问题。实际上,大量跨国公司都在这一波互联网营销中吃了亏。这与国内外文化和企业管理的差异有关。同为外企的索尼高管就曾对《财经天下》周刊表示,现在怎么学会互联网思维、有效地宣传自己是让他们感到困扰的一个问题。

三星所犯的另一个重要错误是错失了中国市场上4G的红利。虽然三星是第二家在中国推出4G手机的厂商,仅落后于LG,三星高层也认为4G将成为三星电子增长的主要驱动力,但三星明显没有发力。随着中国大陆4G时代大幕的开启,联想、华为、中兴、小米、vivo、

OPPO、酷派等多家国产厂商都开始在4G终端发力，其中酷派已经在市场中遥遥领先。今年5月，酷派以23.1%的份额位居国内4G手机市场第一位。

反观三星，反应显得迟缓，截至5月底，只推出了5款价格昂贵的旗舰级4G手机，其中4款为Note 2、Note 3、S4、S5的LTE版本，价格均在四五千元，并且3G和4G手机同时开卖，显示出三星对中国4G手机市场的发展速度信心不足。而且其4G产品对3G款型依赖性较强，未进行创新性的突破。

目前，国内三家运营商，尤其是中国移动，对4G手机投入了大额的补贴。在运营商高调发展4G的诉求下，2014年内4G手机很长一段时间都将是卖方市场，三星在中低端产品线的缺位必将错失一定的机会。而国内手机厂商为了在4G时代抢占高地，纷纷拿出了惯用的"价格杀手锏"，推出多款千元手机。据工信部手机入网数据显示，当时国内的TD-LTE手机已有170余款。

⠿ 三星模式还值得学习吗？

三星另一个为人所熟知的市场策略是"机海战术"，它最初的崛起很大程度上归功于此。在诺基亚、摩托罗拉等传统手机巨头陨落，黑莓、HTC等品牌业绩也不断下滑的情况下，三星凭借Galaxy S、Galaxy Note两款旗舰机型和140多款中低端机型，全方位覆盖市场，很快就跻身手机品牌第一队列。

在联想集团副总裁、中国区首席市场官魏江雷看来，三星的这一模式颇为成功。而这种模式的根源在于对全产业链的布局。三星最大的优势是掌握了一条近乎完整的手机制造产业链，从设计到制造，全部能自己完成，不仅可以节省成本，也使它能够早于竞争对手使用自已集团生产的更先进的元件。国内具有同样优势的厂商只有华为。正因为如此，联想将华为视为在中国市场的头号竞争对手。

可惜三星的这些优势在其旗舰产品上并没有多大体现，当时Galaxy S5售价为5299元，并没有什么竞争力。

Galaxy S系列和Galaxy Note系列之后，三星在产品上创新乏力，每年新推出的旗舰机型只是在上一年产品的基础上做一些后盖、屏幕大小和处理器上的"微创新"。这在"土豪金"（iPhone 5S率先采用的金色）、"月牙边"（vivo最新款的底边弧形设计）、"钢板"（小米4主打）等各种新式设计的狂轰滥炸下，已经丧失了吸引力。2014年4月Galaxy S5发布，诺基亚官方Twitter账号就写道："Not the SAME sung"，挪揄三星没有创新。

苹果为iPhone搭建了完整的生态圈，圈住自己的固定消费群体。但三星的全产业链"护城河"却正在被攻破，越来越只能依赖营销等手段维持自己的地位。市场研究公司Strategy Analytics的报告称，使用三星设备的美国用户在三星自主开发软件上花费的时间只有7秒。在中国，由于三星应用商城缺少本土应用，大多数三星用户选择第三方应用商店。有数据显示，小米MIUI系统有近700万的"刷机"用户，基本都是三星手机用户。

当前三星还坐着全球市场份额的第一把交椅，但越来越多的对手开始挑战它。华为副总裁余承东2014年5月表示："市场排名第二的厂商（苹果）因为有特殊的生态链，我不好讲，但排名第一的那家（三星），并没有什么华为不具备的竞争优势。"

湘鄂情迷途

孟凯用五年时间将湘鄂情打造成"餐饮第一股"，又"一夜之间"决定将餐饮从上市公司中剥离出去，转战环保和影视，这近乎疯狂之举的背后，是这个只有中专学历的企业家"深入骨髓的政策意识"。

《财经天下》/卜祥　王道远

孟凯在深红色的地毯上来回踱步，速度越来越快，声音也越来越大，后来几乎是对着手机吼了起来，完全没有注意到屋子里来了客人。

他最为人熟知的身份，是"餐饮第一股"湘鄂情的创始人，五年前，孟凯把民营餐饮公司湘鄂情带进股市，成就了自己餐饮首富神话。此后，俏江南、顺峰、静雅等餐饮公司都想复制其成功之路。现在他自己对这个身份已经弃如敝履。2013年，湘鄂情全年巨亏5.64亿元，如果继续亏损，公司次年将被ST。这个从事餐饮20多年的饭店老板，决定将主业从上市公司中剥离，代以刚刚收购来的环保和影视公司。

在行业低潮时，总会有些人反应过度，却很少有企业家像孟凯这样，在不到一年的时间里，转向完全陌生的领域。

从2013年开始，孟凯和他的管理团队流动办公，哪个店生意不好就驻扎到那个店处理善后，有些亏损严重的店直接关掉，另外一些则缩小了营业面积。北京月坛店是孟凯最后一个落脚点，这个店的上面几层早已停止营业，一层的餐厅也很少有客人上门，连大门上方的"湘鄂情"招牌都已经摘了下来。

他的办公室原本是个100多平米的超大包间，华丽的地毯搭配深色的仿古实木桌椅，椅子上铺着鹅黄色的缎子椅垫，正是湘鄂情北方店面最常见的中式皇家风格。两年前，这里还是湘鄂情生意最好的一个店，这种最高规格的包间至少要提前一天才能预订到。

但孟凯的关注点显然已经不在于此。对于我们聊聊餐饮的要求，他摆摆手，表示不愿再费口舌。过去半年，他一直忙于收购公司，现在仍在寻找"猎物"。"今天你必须给我一个答复，卖还是不卖，否则明天就上法院，大不了老子的钱不要了，钱你也拿不着。"他说完狠狠地挂断电话。

孟凯不肯透露电话那边是哪家公司，但是从他过去的收购轨迹看，目标只限于两个行业：环保和影视。

包间另一端的木质大茶几上，几个人正在办公，看来早已习惯老板的大喊大叫。因为撤去了中间的大圆桌，包房显得格外空旷、沉闷，所有人都在默默抽烟，头顶上烟雾缭绕。

⁘ 他在寻找能创造神话的公司

说到收购，孟凯马上变得兴致勃勃："我给你们看一个东西。"他打开自己的苹果电脑，开始播放存放在里面的宣传视频。

视频的内容是关于秸秆和城市生活垃圾发电，孟凯热心地讲解其中的基本原理："这项技术最早被亚马逊地区的印第安人使用，因此他们得到了大量的肥沃黑土。"孟凯又指着屏幕说："现在我们的合肥天焱公司掌握了核心技术。"

合肥天焱是一家位于安徽的只有几十人的小型环保公司，经过两次收购，现在已经是湘鄂情的全资子公司。收购完成仅两周，2014年2月28日，湘鄂情发布一份神话般的业绩修正公告，称一季度预计盈利6000万元至7000万元，其中合肥天焱贡献了5000万元至7000万元净利润。

这很难不引来市场怀疑。据有关收购材料显示，2013年1至11月的11个月时间内，天焱绿色（合肥天焱的前身）营业收入仅为4670.89万元，净利润更是只有1088.22万元。而在其与湘鄂情开始合作仅两个月时间后，净利润就激增为5000-7000万元，大约是2013年全年净利润的5到7倍。

该行业另一家公司的创始人表示无法理解这个增长，因为在他看来，自2013年12月至2014年一季度的短短4个月期间，合肥天焱所处的生物质能源设备行业并未经历突飞猛进的发展。当被问及如何回应上述疑问时，孟凯没有给出更多解释。只是表示，经过半年多的实践，自己已经是一个环保专家。从2013年7月至今，他不断找专家讨论技术热点、行业前景。"我现在自己已经成了专家，谈环保能把别人侃晕了。"

但那些真正的专家，却很难认同他的判断。在2014年2月28日的公告中，湘鄂情旗下的另一家环保公司江苏晟宜也为盈利预期1000万元净利润。2013年年底，湘鄂情以4000万元收购了这个公司51%的股权。

作为江苏晟宜占股49%的股东、公司创始人邵志辉至今只见过孟凯三四次。邵志辉的公司被另一个控股股东单晓昌卖给孟凯后，对方甚至还没有与他讨论过业务，"也没有一分钱投入到日常运营中"。

收购完成后，孟凯曾要求邵志辉去西安分公司、北京总部汇报过工作，所有的差旅费用也都是邵志辉自己买单。邵志辉不知道自己的公司是否也会像合肥天焱那样，突然被赋予一夜之间利润翻几番的重任。"反正大老板想玩大的我就陪着玩大的，想玩小的我就跟着玩小的。"

中昱环保是出现在孟凯收购名单上的第一家环保公司。2013年7月，湘鄂情发布公告称，拟以2亿元收购这家公司51%的股权。但这个收购后来没有了下文。孟凯解释说，收购因小股东反对而搁置。"大股东同意卖给我，小股东占股数三分之一以上，有否决权。"小股东不卖的原因，孟凯说是对资产评估价不认可，主要反对者是中科院拥有技术实力的科学家。"大气污染治理很火，很多公司追着他们要收购，优质资产价格涨了。"

孟凯是在暗示自己发现的都是行情看涨的公司？"中科院拥有技术实力的科学家"王飞对此并不认可。王飞是中昱环保旗下北京正实同创公司的技术顾问，的确在几个月前与孟凯见过面，他回忆说，孟凯关心的是环保行业的前景、技术先进程度、下一步技术上的突破点、能不能支撑公司大的商业前景等。

在王飞看来，环保公司首先是工程公司，做工程不可能像互联网那样可以凭借开发一个新的商业模式就可以获得爆发性增长，因此从小公司向大公司迈步的过程，一定是个漫长痛苦的过程。

此后两人再没有接触。关于收购失败的原因，王飞也是一头雾水："说我阻止收购？因为价格看涨？这是胡说八道。"

　　孟凯进入环保行业的引路人是拥有江苏晟宜51%股份的单晓昌。据邵志辉透露，单晓昌自三年前从自己和另一个创业伙伴手中买下江苏晟宜51%股份后，对公司再无投入。

　　2013年6月，当孟凯意识到湘鄂情已经到了"最危险的时刻"，他通过朋友结识到这位环保方面的"资深人物"。湘鄂情后来收购的合肥天焱、江苏晟宜，都由单晓昌介绍。

　　此后，孟凯迅速决定，把亏钱的餐饮剥离出上市公司，装入能盈利的环保公司。这时，他的财务压力相当大。股市上，投资者信心缺乏，融资之路不通。找贷款，公司处于亏损，银行不授予信用。如果湘鄂情股票被ST，这将使孟凯已经质押出去的股票价格大大缩水。现金吃紧的孟凯当然不愿意看到这一幕发生。

　　当孟凯把打算进入环保行业的想法和公司独立董事们交流的时候，遭到了一致反对。孟凯在办公室一遍又一遍地轮流打电话，劝他们改变主意。

　　在转型新项目的过程中，孟凯自称是"光杆司令"，也是这个公司中最懂技术的人。中专毕业最初来到深圳时，他曾做过摩托车维修工。进入完全陌生的高科技环保领域，孟凯的知识储备是"能看懂机械图纸"。

∷ 他是首当其冲的受害者

　　孟凯从2013年7月开始，"顶着夏日酷暑，奔波于安徽、江苏等的环保工厂，之前最远到过泰国。"2014年3月底，他还专程飞往英国，"要去收购一个最老牌的垃圾分选制造商"。他说，之所以这么拼命，是因为"餐饮已经没路可走"。

湘鄂情是本届政府打击公款消费最引人注目的"受害者"之一。由于相关政策相继出台，餐饮、白酒等与三公消费相关的行业纷纷"入冬"。

2013年春天，孟凯搬进月坛店后不久，湘鄂情迎来了关店潮。在北京，一下子关闭了四五家店。南京、武汉、郑州和西安等地的湘鄂情店也同样要么消费大大下滑，要么降价度日。

湘鄂情连续交出亏损业绩。2012年第四季度，湘鄂情净利润仅为1005万元，同比大幅下滑41.6%。2013年净利润亏损5.64亿元，比上年度下降789%。股价也一路下跌。

孟凯对于高端餐饮的悲观已经无以复加，在他眼里，这个行业在中国将永无翻身之日："中央决策已经影响到了一代人，每个家庭来吃饭也会节约，不能铺张浪费已经成了中国人的一种美德，并将逐渐影响到下一代人，这是我看到的。"

但实际上，许多饭店并没有受到太大影响，也包括大董这样定位高端的饭店，大董的经营去年逆势上扬，新增加两家门店。听到这些，孟凯忍不住反击："西贝也很火啊，眉州东坡也很火，但是他们为什么都不上市啊，你让他们把社保交了，把税钱交了。"

这些理由就算成立，也不足以解释湘鄂情的快速溃败，孟凯有意回避了湘鄂情的定位。曾有媒体分析过湘鄂情北京门店的选址，其大多数门店都分布在政府机关、军属大院以及大公司周围。2012年，在湘鄂情的所有分店中，这些定位于公款消费的门店利润贡献最大。其中，月坛店全年实现净利润2280多万元。

从2013年开始，湘鄂情成为众矢之的。这年秋天，"八项规定"的"26条"细则出台，一些机关单位规定消费1000元以上要登记顾客姓名，政府部门还曾派人去店里查账。令孟凯自感经营不下去了。

⋮⋮⋮ 他为什么反而不会做大众餐饮了呢

说到湘鄂情的转型，最没有悬念的方向应该是大众餐饮。实际上，这也是孟凯的第一个选择。

2013年元宵节后第二天，孟凯早早出现在湘鄂情北京媒体见面会上，宣布湘鄂情由高端向大众转型。同时开拓餐饮业务形态，把团餐、快餐细分市场做大。

转型措施包括：停售高端海鲜类菜品，代之以平价海鲜、湖鲜及河鲜；调整部分菜品、果汁销售价格及高中低档菜品的比例，以吸引普通大众消费群体；开发性价比较高的大众餐品，推出半价菜。在服务上，不设最低消费，取消服务费，在各分店设立了价格与普通超市持平的酒水超市。

但这个转型以失败告终。这曾让刘原十分费解："他就是开大排档出身的，为什么不干大众餐饮了呢？"早在二十年前，刘原就结识了孟凯，那时孟凯还是深圳一家小湘菜馆的老板，靠2万元、4张桌子起家。

等到1999年来北京创业时，孟凯却把带来的600万元（有一部分是以年利率30%借来的）全押在了高端酒楼上。

在刘原眼中，孟凯虽然只有中专文化，但颇具管理才能。他很早就花1万多元买了当时最新的486电脑做表格，认真统计出每个月排名最末的5个菜，用新菜替代。

孟凯在北京开第一家店时，专程请刘原过来吃饭。店内装潢让刘原十分吃惊："金碧辉煌，太脱离人民大众了。"

这个定位初期大获成功。2009年11月，湘鄂情以14家直营店、9

家加盟店成功登陆深圳中小板，超过预期募集了9.5亿元资金。成功上市后，孟凯成为餐饮界首富，身家35.8亿元。"那时的孟凯太有钱，交往就少了。"刘原说。

融资到账，孟凯加紧继续扩张，鼎盛时期湘鄂情在全国开了30多家直营店，以及10多家加盟店，甚至把分店开到了新加坡、澳大利亚。中国餐饮第一股名副其实。

熟悉孟凯的人对他有一个共同的评价：就是胆子大。在他们眼中，孟凯从一个湖北工人家庭出生的"草根"进化为高端餐饮"土豪"，主要是靠敢想敢干。

但土豪想蜕变成草根也不容易，王静对此深有感触。她是湘鄂情大望路金地店店长，这个地处北京CBD中心，主打商务消费，相对受影响较小。但对于老顾客来说，压缩成本带来的服务下降显而易见。"现在一个服务员需要照看两个包厢，客人抱怨很多。"王静说。

实际上大部分成本都无法消减。例如房租，金地店最小的包间都有40平方米，相对于大众餐饮的菜价，显然过于奢华，"早知道做大众市场，我们的两个包间场地可改成三个包间"。

大众餐饮是微利行业，竞争策略与高端饭店不同。以定位中端的眉州东坡为例，为降低食材、人工成本，早在多年前就已经实行原材集中采购，中央厨房统一加工，成为高端餐饮受挫后的受益者。湘鄂情尽管也建有中央厨房，但北京不到20家店面的规模发挥不了其优势，运送到北京之外的店面又鞭长莫及。

而且，转型后菜品单价大大降低。王静举例说，店里的农家小炒肉从88元降到58元；小米海参从288元降到128元。但降价没有带来多少新客人，湘鄂情故有的高大上形象已深入人心，"很多人还是不敢进门"。

"湘鄂情第一季度餐饮业务预计还会亏损，估计6月30日我的承诺要实现。"对于扭亏无望的餐饮，孟凯做过承诺，将其从上市公司中剥离出去。也就是说，2014年下半年，湘鄂情将全部将高端餐饮酒楼从上市公司中剥离。

⠿ 他有渗透到骨子的政策意识

孟凯说这番话时，看上去表情轻松。失去公务市场后，他最初并没有明确的转型方向。环保行业之所以引起他的注意，是2013年下半年突然升级的雾霾威胁，以及政府表现出来的治理决心。"他投资环保的意图很朴素，就是看到大气污染越来越严重，政府又支持。"刘原说。湘鄂情陷入困境后，两个人的友谊恢复如初。

当然也离不开朋友的帮忙。孟凯喜欢结交朋友，从北京第一家店开业，他就养成了亲自去给包厢里重要客人敬酒的习惯。

孟凯不仅对于政策十分敏感，而且消息灵通。实际上，早在2012年，孟凯就已经意识到了危险。这一年，湘鄂情以8000万元收购了龙德华餐饮，以1.35亿元控股上海齐鼎快餐，还以8000万元向深圳市海港饮食管理有限公司增资并持有其45%股权。孟凯是想从单一依赖高端餐饮的状态中解脱出来。

为此，孟凯拟定了再融资的计划，准备定向募集4.5亿元以盘活这几块业务。孟凯解释说，这些公司原本都能够盈利，但是如果置入上市公司，要补齐员工社保等，成本一下子就上去了。

但好运这一次远离孟凯而去，他的计划正赶上证监会暂停所有IPO和上市公司再融资。等到2013年三四月份再融资放行，"八项规定"已出，部分餐饮行业融资变得遥不可及。也许他在2013年就认为，有公款消费才能支撑起一家餐饮类上市公司。

一个月前，当外界还在消化着湘鄂情将成为环保公司这个事实的时候，孟凯又大胆跳到一个完全与环保、餐饮不搭界的行业。3月6日和12日，湘鄂情先后与中视精彩影视传媒机构和重庆笛女影视（上海）有限公司签订了对赌协议。

消息传出，湘鄂情的股票小幅上扬一阵，随后失去上升动力。"很容易理解，原先看中环保而买入的人在抛售。"刘原分析说。

早在2003年前后，孟凯投资过《搭错车》等电视剧，赚过一些钱。为给外界树立信心，孟凯说自己投资影视公司是一种回归。

中视精彩总裁熊诚是孟凯十多年的老朋友，熊诚听说孟凯在寻找影视公司并购，主动找到孟凯，熊诚认为这个交易是"一个瞌睡，一个递上了枕头"。湘鄂情需要今年的利润好看，而影视公司需要上市公司平台。影视行业去年开始新一轮跑马圈地，中小公司纷纷寻找靠山。

两份对赌协议思路相似：先向收购对象支付2000万元定金，只要2014年净利润达到5000万元，明年孟凯就以不低于净利润10倍的钱买下剩余的51%股权。

"没人教我，我自己研究过张国立、宋柯的并购。"孟凯对这个进退自如的设计很得意，认为这种设计让资金吃紧的湘鄂情以少量的钱提前锁定了目标。实际上，他的几次重要收购无一例外都签订了对赌协议，以刺激业务增长。

进入影视行业，对急于扭亏的湘鄂情而言，"是为了防范风险。"孟凯说，要在环保的基础上，再筑一道防亏墙。

这出乎刘原的意料："应该等到今年（2014年）中或者年底，环保题材支撑住股价到10元以上再说。"

但这实际上已经不可能。在中国农村能源行业协会生物质专委会秘书长肖明杰看来，2014年没有太多相关的政策利好。"大气污染中PM2.5颗粒不会因为使用生物能源而减少。所以，北京这样的城市也不会出台相应的补贴政策。"

另一方面，因为生物质能发电难以并入国家的电网，中小民营企业根本没有机会去分享这一块蛋糕。

刘原没想这么多。在他眼里，孟凯是个擅长发现政策机会的人，正如当年受到邓小平南巡启发到深圳发展，以及在北京创业瞄准公务用餐，因为他有渗透到骨子的政策意识。唯一让刘原以及其他湘鄂情高管遗憾的是，孟凯竟然错过了地产业的增长。"当初为了少占用资金，店面大多是租来的。只在西安、武汉和郑州三处买了很少一些店面。不然现在光靠卖房也行啊。"

（应采访对象要求，文中刘原、王飞为化名）

李宁继续坠落

创始人李宁回归两年来，发起了一系列改革运动，但仍未能挽救摇摇欲坠的李宁公司。这家拥有24年历史的国内体育品牌，正深陷迷途。

《财经天下》/韩牧　张厚

即使是"柠檬"，对李宁公司的态度也开始发生了转变

在过去的很多年里，一旦李宁被曝出质量问题等负面新闻，这帮李宁的"铁粉"总是在网上耐心地解释、辩论，因为李宁在他们的心目中是"国货骄傲"。但最近几年，随着李宁不断被曝出不可思议的问题，"柠檬"也变得沉默了。

"没有国企的命，却得了国企的病。"这句话也成为"柠檬"最无奈的感慨。

最近一次发生在CBA总决赛中。2014年3月23日，北京队以2比0的优势回到北京迎战新疆队，作为主赞助商的李宁公司本想给球迷一个惊喜，但却又一次搞砸了。

在万事达中心，李宁公司将18000件T恤摆放在每个座位上，这样整个现场就变成了蓝色的海洋。但是，主场北京队球员却穿着白色队服，新疆队的球衣颜色才是蓝色，看上去，万事达中心好像变成了客队的主场。

实际上，李宁公司并没有搞错，现场的北卡蓝自1995年以来就是北京队的主色调。只不过，当时CBA球队主场球衣的颜色全部是白色，所以北京队就将蓝色点缀于白色作为主场球衣，而蓝色则作为客队球衣。可是，球迷早已忘记这段历史，他们只知道北京队的球衣主场为白色，而不是最早的蓝色。

3月22日，"李宁篮球"官方微博转发了一条关于BTV《天天体育》篮球专项记者刘茹的微博说："好吧！看来我们为北京球迷准备的惊喜，确实藏不到明天了……今天一早，李宁品牌的工作人员就开始加班加点为万事达中心的球迷座椅铺设加油衫，整整18000件！"

但是，这条微博发出去没多久就引来了众多北京球迷以及同行的骂声。遗憾的是，一贯高傲的李宁公司，不管是负责篮球项目的高管，还是CBA跟队人员，再或者是李宁的微博管理人员，均没有作出任何反应。

"因为就只有蓝色的了，（李宁）去年没发完。"在虎扑上，一位北京球迷无奈地说，"李宁主场发客队颜色T恤，用什么脏话都无法形容我们的心情。"

可以肯定的是，李宁犯这种低级别的错误不是第一次。"李宁公司的负面新闻太多了，他们内部很混乱。"一位负责李宁品牌推广的人表示，这些失误的屡屡出现与李宁内部森严的壁垒有关，它带来的一大后果便是沟通极其复杂、不顺畅。

从品牌推广就可看出李宁的混乱之处。李宁篮球的新媒体推广由奥美公关负责，而李宁综合类产品的新媒体推广则是交给一家名为时趣互动的营销公司，其他推广都交给福莱国际公关公司。

"每个公关公司负责一块，效率极其低下。"有时候三家公关公司会有业务交集，但如果通过李宁公司的人来协调，很多工作都要停滞下来。更重要的是，李宁公司与它们对接的负责人也不停更换。

在"球衣风波"第二天，李宁公司终于做出回应："一支球队的颜色，就是他们的灵魂，不因对手而动摇！强者善用实力，弱者惯用借口，你将如何选择？"

这个带有些挑衅球迷性质的回应，让李宁微博一下就炸开了锅，就连负责李宁业务的公关公司也对于这种挑衅回应表示无法理解。

事实上，这只是李宁公司问题的冰山一角。翻看最近四年的财报可以发现，李宁的表现一路下滑。2010年，李宁收入曾一度达到94.79亿元，实现净利润11.08亿元。此后，李宁的收入表现一年不如一年，2012年亏损近20亿元。

尽管2013年李宁公司的营收以58.24亿元仅排在安踏的72.8亿元之后，但它却是国内体育品牌中唯一没有实现盈利的上市公司。与安踏的13.148亿元、特步的6.060亿元、匹克的2.443亿元、361°的2.113亿元、中国动向的2.103亿元净利润相比，李宁却净亏损了3.92亿元。更关键的是，这样的亏损数字还是李宁在向经销商控制派发新品的情况下取得的，如果正常发货，李宁的亏损数字还将加大。

这也就意味着，从营收上算，李宁已经被甩到了国内体育品牌的第二；从盈利能力上算，李宁则已经排到了第六。

"李宁公司目前处于变革中期，第一阶段还有一些剩余问题，改革调整完预计还有一到两年。"面对困境，公司创始人李宁在业绩出来后依旧信心满满。

两年前，49岁的他被动出山，重新掌控这家摇摇欲坠的公司。两年来，李宁公司更换管理层、大面积裁员、复兴渠道、拿下CBA与NBA等重要资源，试图做最后一搏。

但种种迹象显示，公司的处境依然不妙。

::: "救世主"回归

2012年5月，在李宁公司每年一度的运动会上，公司高管以及与之签约的奥运冠军林丹、陈一冰等悉数到场。与以往运动会不同的是，组织者要求李宁员工必须全部参加，任何人均不得请假或缺席，形式上也更加隆重，因为他们的创始人李宁在现场宣布即将回归。

在此之前，公司的很多员工都没有见过李宁，所以当时很多人都拿着纸笔找他签字。

像很多员工一样，赵青视李宁为"救世主"。作为李宁公司的老员工，赵青主要负责体育营销，她与李宁公司一起经历过最疯狂的增长，如今正经历着低潮期的折磨。但她说，自己不会离职。"很多传言说公司垮掉或倒闭了，我觉得公司会挺过去的。"在接受《财经天下》周刊采访时，赵青情绪低落地说，"但我们情绪上会受影响，动荡比较大，人心惶惶。公司现阶段多方面是非常差的。"

赵青希望创始人李宁的回归能够"让改变发生"。当然，这也是所有李宁员工的心声。

在过去很长一段时间内，李宁公司将"去李宁化"看成是一件骄傲的事，李宁本人也曾公开声称："'去李宁化'我从一开始就在做，至于公司和我本人的关系，最初可能是因为李宁的梦，所以转化成公司的梦、品牌的梦。"

但现在，李宁推翻了这一说法。

2012年7月5日，李宁公司高层变动，CEO张志勇卸任，TPG合伙人金珍君带领四五人的团队进驻李宁公司，出任执行董事及执行副主席。与此同时，李宁本人正式宣布回归。

"其实谈不上回归。"李宁本人否认了"回归"这一说法，他表示，自己也会参与到公司过去一些大的战略中。"只不过公司到了一个需要调整转型提升的阶段，这个时候可能涉及很多的决策，包括产品方向、渠道、业务模式等，这些东西比过去要频繁，所以这时候我就要参与过来。"李宁在2013年6月3日用邮件对《财经天下》周刊表示。

对于李宁的复出，资本市场很快做出回应，李宁公司的股票在当天就上涨超过8%。

但出局的张志勇却直言不讳地说："你让李宁待在办公室，我敢打赌，两个月他就会快疯了。"没有比张志勇更了解李宁了，这位只供职过李宁一家公司的职业经理人曾获得李宁太多信任，但最后却尴尬出局，代之以李宁"主外"、金珍君"主内"的权力格局。

至今，李宁拯救"李宁"恰好两周年。现在的李宁员工，没人会觉得见到李宁是一件新鲜事了。在公司食堂、产品选样会、每周例会以及公司大会等重要场合，李宁均会出现，有时甚至会很急迫地跟一线员工交流。同时，由金珍君主导的渠道变革等多项措施也正在进行。

回归后，李宁在全体员工大会上提出"三个聚焦"——聚焦李宁牌、聚焦体育本质、聚焦中国大陆市场，并确定了以篮球、跑步、羽毛球为三大核心运动项目。尤其是在篮球资源上，李宁公司以5年20亿的"天价"成为CBA赞助商，以1亿美元加股票的方式搞定NBA球星德怀恩·韦德，甚至连初高中篮球联赛也从耐克手中抢了过来。

"在27岁创立李宁品牌时，我的梦想是做一个激励人们的中国体育品牌。今年50岁了，这个梦仍未改变。"在去年的年会上，李宁这样激励他的1000多名员工。

不过，这场已经进行了两年的"变革"收效甚微。很多人表示，李宁公司依然需要时间，可能是一年，也可能是两年或三年，甚至包括经销商在内都在持观望态度。因为李宁公司最大的问题是反应慢、执行力弱，这不是换几个高管、裁员这么简单就能改变的。

"金珍君的大方向没有问题，只是需要中层去执行、落实。问题是，中层的领导是否买账？"一位从李宁离职的高管直截了当地说。

::::: 壮士断腕之痛

"空降兵"金珍君被李宁视为短暂的合作伙伴，李宁不止一次地公开表示，李宁公司还在寻找合适的CEO。金珍君的作用更多的是在财务上，一旦李宁公司的财务报表回归正常，他与他的东家TPG（李宁的投资者）都极有可能脱手离开。

当然，这位"财务高手"拥有极其丰富的经验，或许目前是带领李宁进行破釜沉舟改革的最佳人选。在此之前，金珍君曾任职新疆广汇汽车、达芙妮等公司，尤其在达芙妮的两年内，帮助其渠道改革，使达芙妮股价上涨4倍，销售额增加50%。不同的是，达芙妮的改革是在业绩下滑而非亏损之时，但李宁自2012年以来就一直亏损。

"坦诚来讲，李宁公司所面临挑战的强度及难度要比我在其他公司面临的挑战更为严峻。"金珍君坦言。

当然，在过去两年，金珍君用了完全不同于张志勇的铁腕手段进行改革。一位离职不久的高管说："张志勇是商量着来，金珍君太猛了，很多人又不太适应，内心不一定都支持。"

这位韩裔美国人一上任就更换了大部分的管理层，包括首席财务官、首席产品官、首席市场官、首席供应官、首席销售官等，而新的团队拥有丰富的管理和国际化背景。

此外，他开始处理库存，并以14亿元至18亿元的价格来回收库存，进行渠道复兴计划。

在前端，金珍君成立了一些新的部门和项目，比如产品组货部及零售运营项目。前者将推荐一些市场欢迎的产品给经销商，而不再是过去单一的批发模式。与此同时，金珍君还将过去属于第三方的零售店面管理系统收回来，以期打通经销商与产品组货部门的信息隔阂。

金珍君还希望改变李宁公司过去以加盟店为主的现状，增加自营店的数量，关闭一些经营不好的店铺。

但是，金珍君所有的改革最终都要体现在执行力上，尤其是处理与经销商的关系。要知道，李宁大多数店铺属于加盟，而不是像安踏那样以自营为主，所以李宁面临的压力可想而知。

四川劲浪是李宁的经销商之一，一位地级市的负责人李响对于目前的状态很是焦虑，现在市场上能够受到消费者欢迎的只有"韦德之道"系列篮球鞋和李宁跑鞋。"我们看得比较多，基本没什么士气，我们没有信心。"他说。

李响现在最大的任务是处理库存。尽管李宁进行了"壮士断腕"

式的渠道复兴计划——一次性回购库存、销售网络合理化并重整应收账结构，但对他来说，李宁的库存处理效果并不明显。

据李响透露，李宁清理库存的方式是，以四川劲浪大代理商为例，在购买1亿元新品时可退1000万元老品。但是，四川劲浪只拥有60%的退货"福利"，剩下的40%要留给这些小的加盟商。

在退货环节，李宁也设置了种种障碍。由于加盟的店铺众多，产品会直接上架，如果销售不出去的话就会回到仓库，第二年做促销时再做特卖。夏天特卖时顾客比较多，衣服上就会有汗液，这样的货品李宁是不会回购的。

李宁对退货的要求是没开过封的原包装，如果开封过，油纸与塑料袋也必须完好无损。李响最近一次退了两年前吊牌额度100万元的老品，但仅仅退货时购买新的油纸与塑料袋就花了一万多元。

"李宁公司在检验这些退货的时候，还得拆开塑料袋，真有必要这样做吗？我就把衣服叠好，一箱箱装好退给他们就可以了嘛。"李响对李宁公司的做法有些不满。

2012年，这位经销商亏损最多的一家店达到30万元，而去年底他手头的几家店加一起还有800万元的库存。

李响说，尽管李宁公司开展了很多策略，但对经销商的实际支持很有限。"我们就开玩笑说，李宁先生经常接受采访时承诺很多，但最终能够帮助到单地区单店的几乎没有。"

之前，这位经销商每年的订货额在1300万到1400万之间，但现在却是400万、500万元的额度甚至更少。"我们最近关了几家店，李宁公司对我们的要求就是别再关店。"他说。

更关键的，李宁收回来的库存，再次在网上销售，这引来了经销商的愤怒。

2013年4月7日晚，李宁与凡客合作发起48小时限量甩卖，最低19元一件，而原价三四百元的篮球鞋仅卖四五十元。

对于这种做法，李响说："卖给电子商务也好，其他渠道也罢，但如果最终流向了我的市场通道的话，对我的新货是有影响的。"

他很难理解李宁的做法，在他看来，李宁表面上把经销商的货收走了，是对他们的帮助，然后他们订了李宁公司的新货，但新货上市的时候，突然在凡客上出现了"地摊价"，这对品牌是一个稀释作用。"顾客与消费者是不会衡量这个行动技术含量的，他们的第一反应只会是：在网上是20元，在店里却要200元，谁还会去李宁专卖店啊？"

"我们还是比较痛苦的，主要是清理老货的时候，没有市场反应与效果，不管怎么做都没有反应。"李响感慨地说。

尽管多位接受我们采访的李宁高管均指出，李宁需要的是时间，因为工厂、店铺、物流等都不是他们的，但另一方面，据宝胜国际一位负责零售的员工透露，金珍君所谓的全国设立A+（最畅销库存量单位）组合以及特定SKU计划，从理论上可以操作，却依旧很难实现。

比如，为了实现区域化的用户需求，制定差异化的订单，开设篮球专卖店、足球专卖店、运动休闲专卖店。但在实际操作过程中，由于品牌商对经销商的目标很高、压力很大，实际好卖走量的就那么几款货品。"没有经销商会把货都放在某一个品类上面，一旦放在上面，对零售商而言，风险就会加大。"所以，很多经销商在订货的时候是按足球、篮球等差异化订货，但为了要养活每一家店，还会做相关调整。

由我们采访得知，大部分经销商根本不信任李宁推荐的A+订货能走量，而且多数店铺处于亏损状态。有的经销商直截了当地说："如果压力持续，我们可能选择做其他品牌了。"

代理李宁的同时，李响也代理阿迪达斯的一个品牌NEO，后者增长非常快。阿迪达斯做了一个规划：主品牌做运动，而NEO做时尚生活。"设计团队、运营团队都是分开的。"李响说，阿迪达斯每开发一个新的系列产品，无论设计还是款式都受消费者喜欢，但李宁的球鞋、T恤第一年与第二年的款式、设计差距并不大。

"主要是理念没跟上，新货补充要及时，还有设计与推广也要跟上。阿迪达斯在推罗斯（NBA球星）系列时，有场上款、场下款，带有罗斯的休闲文化产品也都有。"李响说。

⠿ 老化与迟钝

在采访中，几乎所有的采访对象都提到一个问题："李宁"老了。这家成立仅24年的公司，反应过慢、内部壁垒森严、沟通不畅、内耗严重——最明显的是执行力跟不上。可以说，李宁渐渐变成了一头庞大无比的"怪兽"。即使李宁与金珍君制定的策略再好，但执行不起来，也无法让这头怪兽轻盈地跑起来。

以设计师谢元为例，他认为重视篮球项目本身没有错。"但在李宁公司，重视往往是一件很可怕的事情。你知道这件事怎么干才没问题，比如，第一步做什么，接下来做什么，从无到有，知道该怎么做，这是一种推动力量。但如果不知道怎么做，重视就可能是一种阻力。"谢元说，李宁公司在拿到所有篮球资源之前并没有想好怎么去做。

谢元两年前从网上下载了一篇名为《扁鹊见蔡桓公》的文章。在他看来，李宁的问题"在骨髓，司命之所属，无奈何也"。所以，他希望离职时能将这篇文章作为临别赠言送给李宁公司。不过，最终在离职的时候，他放弃了这样的做法。在他看来，这样的做法意义并不大。

谢元之所以想离职，是因为在他的部门人事变动过于频繁，几乎每年换一个总监。作为篮球项目组成员，他能感受到混乱与无序。"之前篮球是一片叫好声，都是指责其他系列。但公司要注重篮球了，指责声就开始朝向篮球了。"谢元说。

以CBA为例，李宁公司以天价拿到赞助，但在资源方面并没有匹配好，篮球设计师一直只有3个人。他们除了平时要负责大货设计，还要兼顾设计CBA所有球员球鞋的任务。

"两个任务冲突了怎么办？那肯定要先保证CBA，因为这个时间更紧。第一次赞助CBA，不能在开赛之前球员没鞋穿。"谢元说，设计师也是在无奈的情况下设计球鞋，而一旦球鞋出现问题，公司就会将责任归到设计师身上。

"就跟玩杂技的扔三个球一样，哪个先落下来就先接哪个。"提起那段时间的工作，谢元无奈地说。后来，李宁在赞助CBA第一年时就闹出了"球鞋风波"，一方面有其他品牌竞争的原因，另一方面，李宁公司的球鞋质量问题也确实让很多球员担忧。

而李宁对"韦德之道"的包装，更是凸显了这家公司的老化与迟钝。

作为李宁改革转型的重要事件，韦德的加盟意义重大。过去，李宁是国内体育品牌中第一个赞助NBA球员的，签约了包括奥尼尔在内的很多球星，但不管是策划还是推广，李宁总是做得不够好。但签约韦德后，这个超过30岁的球星随即带来了自己的第三座总冠军奖杯，一切都朝着好的方向走。

不过，李宁却将"韦德之道"打造成了"奢侈品"。比如，在与韦德签约之后，李宁就迅速推出了韦德个人球鞋，在韦德两年前夏天来中国时，李宁便推出了"北京""上海"两个特别款，售价均超过千元。更重要的是，大部分球迷都买不到。

"不管是设计元素还是原料，在国内球鞋中都属于前列。"国内一位球鞋设计师说，美国设计师都参与到这款球鞋的设计中。

但是，在初次尝试成功后，李宁将这一"饥饿营销"玩到了极致。此后，不管是官方商城还是其他渠道，"韦德之道"渐渐成为最抢手的球鞋，很多"柠檬"想买到一双韦德球鞋的难度不低于耐克的限量版球鞋。

"你可以搞饥饿营销，但不能耍球迷。"一位"柠檬"说。

以"韦德之道"的"警告"版本为例，2013年8月20日，原本李宁预告零点开始在官方商城发售球鞋，但过了零点，李宁并没有销售球鞋。很多球迷失望地在各大论坛和微博上开骂，但直到天亮，李宁的人也没有回应。

等到他们发现时，已是8月20日上午，李宁公司许诺，作为补偿，在李宁官方商城购买"韦德之道"可以免费赠送一款韦德系列的平沿帽。但当很多球迷下单成功后才发现，这款球鞋已经没货了，李宁公司只好向他们退款。

李宁在营销上的漏洞百出以及公关上的傲慢处理，已经让那些"柠檬"无法忍受。紧接着，"韦德之道"的代工厂也发生了变化。与安踏、361°不同，李宁没有自己的工厂，这就导致某些产品会被代工厂牵着鼻子走。受产能限制，代工厂更喜欢生产量大、订单多的产品，但"韦德之道"最多也才2000双。

此外，韦德系列球鞋将李宁公司对经销商的失控状态体现得淋漓尽致。比如，很多经销商私自提前销售、捆绑销售或内部消化，这样的例子比比皆是，但李宁直到现在也没有找到好的处理办法。

⋮⋮ 缓慢复苏

每隔一段时间，李宁公司离职的老员工就会在一起聚会。最近，他们在聚会上聊得最多的一个话题是：李宁如何找回创业心态？

很多人回忆，当年他们为了李宁公司，甘愿受苦。"但是，这些靠号召是没用的，需要管理团队身先士卒。这就是管理的智慧了。"一位参与当时聚会的前李宁员工说，安踏身上的创业劲头要比李宁多："我们希望李宁也能有这样的劲头。"

事实上，与安踏的丁世忠长期活跃在一线不同，李宁已经远离一线多年，尽管以创始人的身份回归，他对市场还是保持着距离。

一个细节是，在过去两年，丁世忠几乎走遍了中国所有地级市，总数超过500个。一位接近丁的人士透露，丁到处拉人下市场，他最大的痛苦是："周末我想拉个人跟走市场，但有时候没人陪我去。"显然，丁世忠亲自抓一线，安踏的财务他也要亲自过问，而李宁则不然。

在李宁身边总有一个搭档，从最初的陈义红到张志勇，再到现在的金珍君。而在财务方面，李宁只有在季报的时候才会看一眼。

"他并不擅长做生意，但很会用人。"李宁公司第二任总经理陈义红曾经这样评价李宁。

如今，李宁回归两周年后，管理层大面积换血，中下层员工也大量离职。在经历张志勇事件后，李宁在职业经理人的角色定位上也有不信任的一面。几年前，张志勇为了品牌重塑、提高产品形象更换Logo，他采取如此冒进的方式才使这家以个人名字命名的公司深陷泥潭。

"李宁肯定有思考，他这个人极聪明。你看他平时话不多，隐忍或者怎么样，但他内心肯定是波澜壮阔。"李宁公司一位离职的高管对《财经天下》周刊说。

当然，李宁公司也不是没有机会。金珍君上任以来加大力度收购加盟店，截止到2013年12月31日，李宁的总店铺数为5915间，其中国内的特许经销商店铺占64.7%，与2012年的75.6%相比，减少了10.9个百分点。

在过去一年，李宁公司在库存、销售网络、盈利能力以及经营现金流等方面均得到改善，其主品牌李宁牌毛利率从38.7%升至45.3%，更主要的，李宁公司的毛利润与2013年同期相比上涨了3.2%，为25.94亿元。这就意味着，李宁公司的整体运营能力得到了提升，在产品和运营方面这家老公司依然具有竞争力。

与此同时，李宁公司也退出了一些非盈利市场，比如在其他品牌中，Kason收入稳定，Lotto处于收缩期，而Z-DO业务则全面停止。

当然，李宁运动鞋在中高端市场也占据了一定优势。在高端市场上，李宁运动鞋的占有率是其他本土品牌占有率总和的三至四倍；中端市场上，李宁跑鞋和篮球鞋占比分别为37%和30%，亦超过其他本土品牌。

2013年年底，李宁公司收购了哈尔滨申格、大庆一动、辽宁达道人和沈阳天时之星，收购内容为这些经销商的店铺和客户关系。2014年3月20日，与经销商浙江金冠签订协议，将收购浙江金冠的业务、店铺和客户关系。

显然，这对李宁公司的业绩会起到正面的影响，不过，其运营成本与管理能力也将成为考验。

此外，过去两年，李宁公司通过零售直销和快速时尚要素的变革，已经从中式批发经营模式转变为快速时尚零售直销运营模式。"过去一年，我们专注业务调整的同时，着手新业务的拓展。作为变革计划第一阶段的渠道复兴几近完成，趋势令人振奋。"金珍君对刚发布的业绩评价道。

不过，高盛报告在近期也指出，受库存过多影响，李宁的复苏速度较为缓慢，主要因为预计其管理重点将放在全面恢复零售库存健康水平上。

"主要风险为品牌忠诚度减低，及库存过多。"高盛报告指出。

其实，这种从高处跌落下来的经历李宁有过。1988年汉城奥运会上，李宁从吊环掉下来成为"罪人"，那种内心的折磨想必他比谁都深刻。

"其实在这里说话是诚惶诚恐的，很多消息都是不好的消息。我们面临的是整个调整，我们会按照自己的基因与市场的机会来转型。"李宁在2013年5月30日的中国体育用品业高峰论坛上说。

彼时正值中国体育用品业高峰论坛会议间隙，李宁走进了VIP室，而丁世忠则在酒店的大堂休息。

"做企业挺不容易的……"几分钟后，李宁从VIP室里走出来，国务院参事室特约研究员姚景源对他说。

李宁点头回应，一言不发，走进了参加会议的茫茫人海之中。

（应采访对象要求，赵青、谢元、李响均为化名）

附：

李宁近年业绩走向：

2008年，李宁品牌声望达到最高峰，当年创造66.9亿元收入。

2009年，李宁公司持续扩张，业绩第一次超越阿迪达斯。不过，疯狂的扩张进程也为日后的下跌埋下了隐患。

2010年，业绩达到94.79亿元，并更换Logo与口号，开始国际化。如此冒进的做法最终使得这家公司泥潭深陷。

2011年，李宁收入89.29亿元与安踏89.05亿元接近，但净利润3.86亿元相比安踏的17.30亿元少了太多。

2012年，先是金珍君及TPG进入，后来创始人李宁回到公司，并以20亿元天价拿下CBA资源，紧接着与NBA球星韦德签约。年底，提出渠道复兴计划。亏损近20亿元。

2013年，处理库存，零售变革，净亏损3.92亿元。

2014年，缓慢复苏中。

李宁回归后，如何聚焦：

---

1. 聚焦核心品牌

核心：李宁牌。

现状：2013年，李宁牌收入达50.83亿元，占集团总业务的87.3%。

如何做：减少其他品牌及代理品牌的投入，突出篮球鞋、跑鞋、羽毛球鞋。

2. 聚焦核心业务

核心：回归体育本质。

现状：李宁曾一度在时尚与体育之间摇摆，也曾一度找林志玲代言。这个回归也算彻底表明李宁做一个体育品牌，强调体育精神。

如何做：拿下CBA资源以及NBA明星韦德，围绕这些资源去展开。

3. 聚焦核心市场

核心：中国大陆市场。

现状：缩减波特兰研发中心，关闭国外不少运营不佳的子公司。

如何做：赞助国家羽毛球队等多支球队，关注中国市场。